山西绿色能源发展创新路径研究

张　君／著

中国矿业大学出版社
·徐州·

内 容 提 要

本书以落实“双碳”任务和节能要求为目标，立足山西资源禀赋和能源产业实际，提出了山西省绿色能源产业转型升级发展的总体思路：深入推动能源革命综合改革试点，加快技术革新，实现“绿色、安全、高效、清洁”，通过“点煤成金”为全国能源革命探索道路模式。

本书可供矿业工程领域科研与工程技术人员参考使用。

图书在版编目(CIP)数据

山西绿色能源发展创新路径研究 / 张君著. —徐州：中国矿业大学出版社，2022.5

ISBN 978-7-5646-5392-7

Ⅰ.①山… Ⅱ.①张… Ⅲ.①无污染能源—能源发展—研究—山西 Ⅳ.①F426.2

中国版本图书馆 CIP 数据核字(2022)第 080907 号

书　　名 山西绿色能源发展创新路径研究
著　　者 张　君
责任编辑 王美柱
出版发行 中国矿业大学出版社有限责任公司
(江苏省徐州市解放南路　邮编 221008)
营销热线 (0516)83885370　83884103
出版服务 (0516)83995789　83884920
网　　址 http://www.cumtp.com　**E-mail**:cumtpvip@cumtp.com
印　　刷 徐州中矿大印发科技有限公司
开　　本 787 mm×1092 mm　1/16　**印张** 6.75　**字数** 144 千字
版次印次 2022 年 5 月第 1 版　2022 年 5 月第 1 次印刷
定　　价 38.00 元

前　言

绿色能源是山西工业经济高质量发展的基础，是山西构建现代产业体系的重要依托，是纵深推动能源革命综合改革试点的重要抓手，也是山西工业经济发展的优势和特色所在。推进能源产业绿色转型发展对山西加速经济发展模式转变具有极为深远的战略意义，对加速产业链由中低端迈向中高端具有极为重大的现实意义。

当前全球能源转型已进入新阶段。绿色低碳是新一轮全球能源转型的主要方向，数字化、智能化程度显著提升是新一轮全球能源转型的重要特点。《巴黎协定》确定的低于 2 ℃温控目标引导着全球能源低碳转型。预计到 2035 年，煤炭消费将降低 1/2，石油降低 1/3，天然气达峰下降，非化石能源比例提高至 40%；电能占终端能源消费比例持续上升，到 2035 年将达 30%左右；远期深度电气化与高比例可再生能源协调推动全面能源转型。在“双碳”背景下，以清洁能源为核心的能源转型正在多数国家推进，中国作为能源大国，肩负着推动技术创新、促进地区能源转型、实现可持续发展的重任。

当前中国应对气候变化已迈入新征程。习近平总书记在第七十五届联合国大会一般性辩论上向世界庄严承诺：中国将提高国家自主贡献力度，采取更加有力的政策和措施，二氧化碳排放力争于 2030 年前达到峰值，努力争取 2060 年前实现碳中和。“双碳”目标是党中央、国务院统筹国际国内两个大局作出的重大战略部署，是一场广泛而深刻的经济社会系统性变革。中国未来的发展将逐渐与碳“脱钩”，新一轮能源革命与经济结构升级将引领我国工业全面走上绿色低碳、高质量发展之路。

当前中国能源转型已提出新要求。“十四五”时期，我国生态文明建设进入以降碳为重点战略方向、推动减污降碳协同增效、促进经济社会发展全面绿色转型、实现生态环境质量改善由量变到质变的关键时期。完整准确全面贯彻新发展理念，保持战略定力，站在人与自然和谐共生的高度来谋划经济社会发展；坚持节约资源和保护环境的基本国策，坚持节约优先、保护优先、自然恢复为主的方针，形成节约资源和保护环境的空间格局、产业结构、生产方式、生活方式，统筹污染治理、生态保护、应对气候变化，促进生态环境持续改善，努力建设人与自然和谐共生的现代化将成为主基调。

能源转型成为山西推动产业转型，促进经济高质量发展的重要路径。山西作为资源型地区和碳排放大省，实现“双碳”目标，加快推动绿色能源产业转型既是党和国家能源转型的战略决策部署，也是全面实现山西工业转型升级的必然要求。2017 年习近平总书记视察山西时指出，山西要通过能源革命综合改革试点，争当全国能源革命排头兵。2020年习近平总书记视察山西时指出，山西要在转型发展上率先蹚出一条新路来。为深入贯彻习近平总书记视察山西重要讲话重要指示精神，山西省成立了打造全国能源革命排头兵领导小组，扎实开展能源革命综合改革试点，推动产业结构、能源结构持续优化，绿色低碳发展取得积极成效。“十三五”期间，山西累计化解煤炭过剩产能15 685万吨/年，退出总量居全国第一；风电装机容量年均增长24.16%，光伏装机容量年均增长63.22%；光伏领跑基地装机规模达到400万千瓦，位居全国前列。

中国共产党山西省第十二次代表大会提出全方位推动高质量发展的目标要求，首要任务是经济高质量发展，重中之重是产业转型。大会指出，传统优势产业要率先转型，实现内涵集约发展，突出智能化，推动传统优势产业加快转向先进制造业，突出绿色化，推动传统优势产业降能耗、提能效，突出服务化，推动传统优势产业与现代服务业相互促进。省委书记林武曾多次在会议和调研中指出，要加快新兴产业培育壮大，推动传统产业改造升级，坚决遏制“两高”项目盲目发展，着力构建支撑转型的现代产业体系，为全方位推动高质量发展夯实产业基础，推动经济社会发展全面绿色低碳转型。

按照上述要求，山西绿色能源发展创新路径研究，以落实“双碳”任务和节能要求为牵引，立足山西资源禀赋和能源产业实际，提出了山西省绿色能源产业转型升级发展的总体思路。深入推动能源革命综合改革试点，加快技术革新，实现“绿色、安全、高效、清洁”，通过“点煤成金”为全国能源革命探索道路模式。力争煤炭产业实现主营业务收入保持全国领先地位，建成国家重要的煤炭绿色开发利用基地；智能矿山在维持煤炭产量不变的基础上，挖掘产业潜力，通过附加值提升抵消价格下滑的压力和影响，以维持增加值不变；绿色电力保持稳定增长；新兴产业中，新能源产业成为重要增长点，节能环保与绿色焦炭和现代煤化工增长显著。

课题组通过对传统能源转型升级工程、清洁能源供应基地建设工程、产业绿色化发展工程、节能减排工程产业发展研究，从智慧矿山、绿色电力、清洁能源、焦炭及现代煤化工、新能源汽车六个方向，提出推动山西绿色能源产业转型升级发展的十一条创新路径设计，为山西全方位推动高质量发展提供有力支撑。

未来山西谋划和推动绿色能源产业发展，必须立足自身资源禀赋，走绿色、高效、安全、可持续发展之路。坚持煤炭清洁高效利用，推广煤矿智能化建设，发展新能源，形成多轮驱动、低碳绿色的综合能源体系，以能源结构优化促进绿色能源产业转型升级发展。

课题组将持续跟踪研究，为山西绿色能源产业转型升级发展贡献智慧。

衷心祝愿山西实现绿色能源产业转型发展，为中部地区加速崛起提供成功典范，更为建设制造强国、振兴实体经济贡献山西力量。

著　者

2022年3月

目　录

第一章　国内外绿色能源产业发展情况

第一节　绿色化成为全球能源转型主要方向

在疫情和“双碳”背景下，世界各国都把绿色化作为能源领域发展路径。

一、聚焦碳中和，制定绿色发展战略

为推动气候行动及向低碳经济过渡，多国设立碳中和目标，并不断完善促进碳减排的相关市场化机制。据统计，截至 2021 年 1 月，已有欧盟及 27 个国家实现或者承诺碳中和目标。其中，瑞典、英国、法国等 6 个国家通过立法承诺碳中和，欧盟、加拿大、韩国等 6 个国家及地区正在制定相关法律，中国、澳大利亚、日本、德国等 14 个国家承诺实现碳中和。另外，还有 100 多个国家和地区正在讨论碳中和目标。同时，碳排放权交易和碳税在内的碳定价机制在全球得到广泛应用。截至 2021 年 1 月，全球已经实施或计划实施的碳定价机制共有 61 项，包括 31 个碳排放交易体系、30 项碳税政策。

二、以清洁能源作为重点，实施绿色复苏计划

不少国家已经提出刺激经济的绿色复苏计划，将促进能源转型作为重点，大力发展清洁能源。可再生能源开发利用是全球电力发展的重要战略选择，各国相继设置可再生能源发电规模目标或占比目标，并出台相关激励机制。2020 年 4 月，法国政府发布新的多年期能源计划（PPE），该计划的目标是到 2023 年实现 20.1 吉瓦可再生能源发电装机容量，到 2028 年实现 44 吉瓦可再生能源发电装机容量。2020 年 12 月，德国通过《可再生能源法》（EEG）修订草案，正式将德国海上风电的目标设定为到 2030 年运行 20 吉瓦，到 2040 年运行 40 吉瓦。同月，日本政府宣布，到 2050 年，日本可再生能源供应量将在彼时基础上增加近三倍，占到全国电力的 50%～60%。2021 年 3 月，英国宣布，计划到 2030 年将 20 太瓦时的能源从化石燃料转向低碳能源，这相当于英国 2019 年所有可再生能源的 17%。美国设立专注于气候的跨机构高级研究机构 ARPA-C，助力美国实现 100%清洁能源经济的目标。2021 年，拜登政府推行“绿色能源革命”，大力推动太阳能、陆上和海上风力发电，部署核能和水力发电。多国都在大力推动风电、光伏等可再生能源的高速发展，部分国家还将核电作为能源结构转型的重要力量。同时，与可再生能源发展配套的激励政策陆续出台，各国采取低税率或退税等税收措施支持可再生能源产业发展，多国在推动可再生能源逐步深度参与电力

市场的同时，通过市场机制实现高效消纳等。

三、制定战略规划，全力扶持新兴产业发展

当前，发展新兴产业已成为世界各国在能源领域抢占新一轮经济和科技发展制高点的重大战略。各国纷纷通过制定战略规划，引领新兴产业发展方向，涵盖氢能、储能、地热能、生物质能等诸多领域。美国、德国、法国、荷兰、俄罗斯等国将氢能作为推动气候和能源新政的重要组成部分，相继发布了氢能源战略，并计划从制定氢能发展路线图、建立产业发展联盟、加大政策扶植力度、加大基础设施投入、加强国际合作等方面推动氢能发展。其中，欧洲将氢能作为能源转型和低碳发展的重要保障；美国重视氢能产业技术优势的建立和前瞻技术的研发，发布了《储能大挑战路线图》；日韩致力于构建氢能社会和氢经济。同时，燃料乙醇作为可再生能源，受到各国的普遍关注。不少国家采用强制性法规推动乙醇市场发展，截至目前，全球已有超过 65 个国家和地区制定了支持乙醇汽油发展的政策。

四、推动脱碳进程，加速化石燃料退出

在履行《巴黎协定》和推动能源转型的过程中，各国多举措加速脱碳，减少化石燃料使用。多国制定了煤电限制措施、减少化石燃料补贴，欧盟国家积极推动交通领域碳减排，推动深度脱碳。在碳中和目标的大背景下，全球煤炭在一次能源中的地位急转直下，德国、英国、奥地利等国加速关停煤电设施，明确煤电退出时间表。德国 2020 年通过《逐步淘汰煤电法案》和《矿区结构调整法案》，规定最迟在 2038 年前逐步淘汰煤电；瑞典和奥地利于 2020 年 3 月分别关闭了各自最后一家燃煤电厂；西班牙曾计划于 2020—2021 年间关闭 69％的煤厂；英国承诺到 2024 年全面停止使用煤电；澳大利亚计划在 2030 年前关闭燃煤发电站。欧盟设立“公平过渡基金”，在交通领域推出减排战略及具体的行动措施，用于支持高度依赖化石燃料行业的地区转型发展低碳产业；同时，向 140 个重点交通项目注入 22 亿欧元，多管齐下助力欧洲交通业实现脱碳目标。各成员国还不断加大对零碳排放公交车的支持力度。2020 年，德国对 80％的电动公交车提供了财政补贴；波兰则宣布提供 2.9 亿欧元补贴，要求人口超过 10 万人的城市在 2030 年实现全部公交车零碳排放。见表 1-1。

表 1-1　部分发达国家和组织能源战略和碳达峰、碳中和时间

国家和组织	能源战略	碳达峰、碳中和时间
美国	重视清洁能源的发展，创造新的绿色就业岗位；提高燃油效率，研制节能汽车和电动车；提高能源利用效能，遏制全球变暖；保障能源安全，加大国内油气的开发力度，重视油气管道的建设；提高效能和节约成本，重视节能，政府颁布新的建筑物、家用电器和工业节能标准	2007 年碳达峰、2050 年碳中和

表 1-1(续)

国家和组织	能　源　战　略	碳达峰、碳中和时间
日本	节能，采用技术上可行、经济上合理、环境和社会可以接受的一切措施来更有效地利用能源资源；在官方和民间的共同协作下大力发展包括核能在内的新能源产业；建立完善的战略石油储备体系，按层次可以划分为政府石油储备、法定企业储备和企业商业储备；建立系统的能源多元化战略，从能源结构组成以及能源供应方式上促进多元化；采取积极的能源外交战略，与中东、中亚、俄罗斯等国建立良好的战略合作关系	2013 年碳达峰、2050 年碳中和
欧盟	提出通过快速和成本竞争的方式发展低碳技术。通过协调各国的研究努力改进技术和降低成本，这一既定计划有助于促进欧盟国家、公司和研究机构之间的合作，同时也实现了欧盟能源发展的主要目标	1990 年碳达峰、2050 年碳中和

第二节　我国绿色能源产业转型发展情况

一、我国绿色能源产业转型成效显著

（一）基本形成了多轮驱动的能源生产体系

经过多年的能源转型发展，我国能源科技水平快速提升，基本形成了煤、油、气、电、核、新能源和可再生能源多轮驱动的能源生产体系。2020 年，我国能源综合生产能力达到 41 亿吨标准煤，原油产量回升至 1.95 亿吨，天然气产量达到 1 925 亿立方米，发电总装机容量达到 22 亿千瓦，西电东送能力达到 2.7 亿千瓦，油气管道总里程达到 17.5 万千米，县级行政区全部通上大电网，基本实现农村动力电全覆盖，14 亿人口人人享有电力，经济社会发展和民生用能需求得到有效保障。

（二）可再生能源规模稳居世界第一

截至 2020 年年底，我国可再生能源累计装机容量达到 9.34 亿千瓦，占全球可再生能源总装机规模的三分之一，我国可再生能源发电装机容量占总装机容量的比例达 42.4%，较 2012 年增长 14.6%。其中，水电、风电、光伏发电、生物质发电量分别连续 16 年、11 年、6 年和 3 年稳居全球首位。

（三）节能和能源消费结构逐步优化

“十三五”以来，我国以能源消费年均低于 3%的增速支撑了国民经济年均 7%的增长。2020 年，煤炭占能源消费总量的比例降低至 56.8%，能源消费结构向清洁低碳加快转变；建成世界最大规模充电网络，新能源汽车增量连续三年超过 100 万辆，有效促进了交通领域能效提高和能源消费结构优化。

（四）能源装备国产化和成果产业化水平不断提升

我国的煤炭安全高效开采技术、燃煤发电大容量、高参数机组、大气污染物超低排放技术，取得了一系列创新突破，攻克了煤制油品、烯烃首次工业化的系列世界性难题，在全球率先掌握了百万吨级煤直接液化和60万吨级煤制烯烃成套技术，实现了五大创新；核电领域已开发出具有自主知识产权的先进压水堆核电技术，第三代核电技术和装备实现了“走出去”；风能、光伏、太阳能等非水可再生能源装备产品和技术全球领先；自主研发建设的世界首个多端柔性直流输电工程在广东南澳示范成功，白鹤滩水电站百万千瓦水轮机模型再次打破世界水电装备制造新纪录；成为全球领先掌握海底可燃冰试采技术的国家；先进晶体硅电池多次打破世界纪录；自主研发了百万千瓦级三代核电“华龙一号”和CAP1400的主要技术。

二、我国绿色能源产业战略、路径和布局情况

（一）我国绿色能源战略和目标

党的十八大明确了我国能源转型的方向。2016年中国政府做出了推动能源革命和建设清洁低碳、安全高效的现代能源体系等战略部署，确立了“四个革命、一个合作”的能源发展国策，2016年12月，印发了《能源生产和消费革命战略（2016—2030）》，提出了我国绿色能源发展的目标：

到2020年，全面启动能源革命体系布局，推动化石能源清洁化，根本扭转能源消费粗放增长方式，实施政策导向与约束并重。能源消费总量控制在50亿吨标准煤以内，煤炭消费比重进一步降低，清洁能源成为能源增量主体，能源结构调整取得明显进展，非化石能源占比15%；单位国内生产总值二氧化碳排放比2015年下降18%；能源开发利用效率大幅提高，主要工业产品能源效率达到或接近国际先进水平，单位国内生产总值能耗比2015年下降15%，主要能源生产领域的用水效率达到国际先进水平；电力和油气体制、能源价格形成机制、绿色财税金融政策等基础性制度体系基本形成；能源自给能力保持在80%以上，基本形成比较完善的能源安全保障体系，为如期全面建成小康社会提供能源保障。

2021—2030年，可再生能源、天然气和核能利用持续增长，高碳化石能源利用大幅减少。能源消费总量控制在60亿吨标准煤以内，非化石能源占能源消费总量比重达到20%左右，天然气占比达到15%左右，新增能源需求主要依靠清洁能源满足；单位国内生产总值二氧化碳排放比2005年下降60%～65%，2030年左右二氧化碳排放达到峰值并争取尽早达峰；单位国内生产总值能耗（现价）达到目前世界平均水平，主要工业产品能源效率达到国际领先水平；自主创新能力全面提升，能源科技水平位居世界前列；现代能源市场体制更加成熟完善；能源自给能力保持在较高水平，更好利用国际能源资源；初步构建现代能源体系。

展望2050年，能源消费总量基本稳定，非化石能源占比超过一半，建成能源文明

消费型社会；能效水平、能源科技、能源装备达到世界先进水平；成为全球能源治理重要参与者；建成现代能源体系，保障实现现代化。

（二）我国能源产业战略实施路径

我国能源产业战略实施路径从推动煤炭清洁生产、大力发展清洁能源的能源供给侧和通过转变能源消费结构、提升生产技术促进节能减排、发展新兴产业等控制能源消费量的消费侧两方面进行。

(1) 推动煤炭清洁生产。严控煤炭新增产能，做好新增产能与化解过剩产能衔接，完善煤矿正常退出机制，实现高质量协调发展。实施煤炭开发利用粉尘综合治理，限制高硫、高灰、高砷、高氟等煤炭资源开发。统筹煤炭与煤层气开发，提高煤矸石、矿井水、煤矿瓦斯等综合利用水平。加强煤炭分选加工，提高煤炭分选比例。促进煤炭上下游、相关产业融合，加快煤炭企业、富煤地区、资源枯竭型城市转产转型发展。

(2) 清洁能源成为增量主需求。大力发展清洁能源，大幅增加生产供应，是优化能源结构、实现绿色发展的必由之路。推动清洁能源成为能源增量主体，推动非化石能源跨越式发展。坚持分布式和集中式并举，以分布式利用为主，推动可再生能源高比例发展。大力发展风能、太阳能，不断提高发电效率，降低发电成本，实现与常规电力同等竞争。因地制宜选择合理技术路线，广泛开发生物质能，加快生物质供热、生物天然气、农村沼气发展，扩大城市垃圾发电规模。创新开发模式，统筹水电开发经济效益、社会效益和环境效益。在具备条件的城市和区域，推广开发利用地热能。开展海洋能等其他可再生能源利用的示范推广。采用我国和国际最新核安全标准，安全高效发展核电。

(3) 坚决控制能源消费总量。以控制能源消费总量和强度为核心，完善措施、强化手段，建立健全用能权制度，形成全社会共同治理的能源总量管理体系。实施能源消费总量和强度“双控”。把能源消费总量、强度目标作为经济社会发展的重要约束性指标，推动形成经济转型升级的倒逼机制。合理区分控制对象，重点控制煤炭消费总量和石油消费增量，鼓励可再生能源消费。

(4) 打造中高级能源消费结构。大力调整产业结构，推动产业结构调整与能源结构优化互驱共进，使能源消费结构迈入更加绿色、高效的中高级形态。以能源消费结构调整推动传统产业转型升级。提高市场准入标准，限制高能耗、高污染产业发展及煤炭等化石能源消费。推动制造业绿色改造升级，化解过剩产能，依法依规淘汰煤炭、钢铁、建材、石化、有色、化工等行业环保、能耗、安全生产不达标和生产不合格落后产能，促进能源消费清洁化。大力发展战略性新兴产业，实施智能制造工程，加快节能与新一代信息技术、新能源汽车、新材料、生物医药、先进轨道交通装备、电力装备、航空、电子及信息产业等先进制造业发展，培育能耗排放低、质量效益好的新增长点。提高服务业比重，推动生产性服务业向专业化和价值链高端延伸、生活性服务业向精细化和高品质转变，促进服务业更多使用清洁能源。通过实施绿色标准、绿色管理、绿色生产，加快传统产业绿色改造，大力发展低碳产业，推动产业体系向集约化、高端化升级，实现能源消费结构清洁化、低碳化。

(5) 深入推动节能减排。坚持节能优先总方略，把工业作为推动能源消费革命的重点领域。对钢铁、建材等耗煤行业实施更加严格的能效和排放标准，新增工业产能主要耗能设备能效达到国际先进水平。以新材料技术为重点推行材料替代，降低原材料使用强度，提高资源回收利用水平。推行企业循环式生产、产业循环式组合、园区循环式改造，推动生产系统和生活系统循环连接。

(6) 加强能源科学技术研究与应用。在能源的应用方面，大力普及先进高效节能技术，以系统节能为基础，以高效用能为方向，将高效节能技术广泛应用于工业、建筑、交通等各领域，推广应用清洁低碳能源开发利用技术。强化自主创新，加快非化石能源开发和装备制造技术、化石能源清洁开发利用技术应用推广，大力发展智慧能源技术，推动互联网与分布式能源技术、先进电网技术、储能技术深度融合。同时，加强能源科技基础研究，重点提高化石能源地质、能源环境、能源动力、材料科学、信息与控制等基础科学领域的研究能力和水平。开展前沿性创新研究。加快研发氢能、石墨烯、超导材料等技术，发展快堆核电技术，突破微藻制油技术、探索藻类制氢技术。超前研究个体化、普泛化、自主化的自能源体系相关技术，集中攻关可控热核聚变试验装置，大力研发经济安全的天然气水合物开采技术，深入研究经济性全收集全处理的碳捕集、利用与封存技术。

（三）我国能源产业生产布局

近年来，我国综合考虑能源资源禀赋、水资源条件、生态环境承载力以及能源消费总量和强度“双控”等因素，科学确定能源重点开发基地，统筹能源生产与输送，合理布局能源生产供应。东部地区，充分利用国内外天然气，发展核电、分布式可再生能源和海上风电，积极吸纳其他地区富余清洁能源，率先减煤；中部地区，大力发展分布式可再生能源，做好煤炭资源保护性开发，总体上降低煤炭生产规模，加快发展煤层气，建设区外能源输入通道及能源中转枢纽；西南地区，建设云贵川及金沙江等水电基地，大力发展川渝天然气，积极发展生物质能源，加快调整煤炭生产结构；西北地区，建设化石能源和可再生能源大型综合能源基地，保障全国能源平衡；东北地区，加快淘汰煤炭落后产能，大力发展新能源和可再生能源，实现供需平衡，完善国外能源输入通道。

（四）绿色能源产业培育支持政策

国家政策层面。为支持绿色能源产业的培育，国家发展改革委将抓紧研究出台相关政策措施，积极推动经济绿色低碳转型和可持续发展；工信部将实施工业低碳行动和绿色制造工程，并制定钢铁、水泥等重点行业低碳绿色发展规划，明确加快发展先进制造业，提高新能源汽车产业集中度；科技部和国家发展改革委都要求完善能耗双控制度，降低能耗强度，控制能源消费总量，优化能源结构，鼓励地方增加可再生能源消费。国家能源局《2021年能源监管工作要点》提出，积极做好"十四五"能源规划和相关配套政策文件的制定工作，推动能源规划的有效实施和能源结构的持续优化。多部委和国家能源局在可再生能源项目建设管理、运行消纳、价格补贴等方面出台多项政策，大力发展新能源产业；国务院国资委提出扎实推动新能源汽车等重点领域共商共建共享网络型平台，先后出台了全方位的激励政策，如降低车企准入门槛，延长补贴政策期限，加快充/换电站的建设，充电优惠等，地方省市也加快布局新能源汽车产业。

地方政策方面。多省区将新能源写入"十四五"规划和2035年远景目标，重点强调绿色低碳发展、清洁能源转型。江苏省、西藏自治区、甘肃省、广东省、四川省、陕西省和河北省等省份及自治区公布"十四五"光伏发展规划；甘肃省酒泉市计划建成千亿级规模清洁能源产业链；陕西省着力构建万亿级能源化工产业集群。

第三节　先进省份的经验做法

"十三五"以来，各省根据自身的能源特点和产业结构，纷纷颁布了一系列能源政策，推出了能源转型措施，取得了显著成效。如表1-2所示。

表1-2　先进省份的经验举措

省份	成　　效	举　　措
山东	1. 新能源和可再生能源产业快速发展壮大。2020年年末，太阳能、风能、核能、生物质能、水能等新能源和可再生能源发电装机容量为4 791.2万千瓦，比2015年年末增长3.3倍，五年年均增长33.9%；占全省发电装机容量的30.1%，五年累计提高18.7%。新能源和可再生能源发电量2019年居全国第16位。	1. 大力实施"四增两减"工程，聚焦可再生能源、核电、天然气、省外来电做加法，打造全国重要千万千瓦级海上风电基地、核电基地、"风光储一体化"基地、外电通道配套电源基地，突出煤炭、煤电做减法，淘汰低质低效产能，加快实现能源消费增量全部由清洁能源供给。 2. 增强天然气供应能力。加快山东天然气环网干线、中俄东线山东段建设，建成投运青岛董家口LNG接收站二期，稳步推进龙口南山、烟台西港区LNG接收站建设，中石化龙口LNG接收站获得国家核准并开工建设。在运在建LNG接收站接卸能力达到2 500万吨/年。完成投资200亿元以上。 3. 加大煤炭煤电压减力度。重点淘汰安全无保障、资源枯竭、长期亏损三类煤矿，启动煤电转型升级高质量发展行动计划，关停淘汰30万千瓦以下所在地区非唯一、不可替代民生热源燃煤机组，2021年关停规模200万千瓦，升级改造规模100万千瓦，30万千瓦及以上煤电装机容量占煤电总装机容量的比例提高到75%以上。

表 1-2(续)

省份	成效	举措
山东	2. 化解传统产能取得重大进展。“十三五”时期,全省化解煤炭产能 6 460 万吨,淘汰落后燃煤机组 778 万千瓦,压减焦炭产能 2 800 万吨。从产量看,原油、煤炭、焦炭产量分别累计下降 13.9%、23.0%、35.3%。 3. 一次能源产量中非化石能源比例大幅提高。“十三五”时期,山东非化石能源占比累计提高 16.2%,而原煤、原油占比分别累计降低 13.7%和 2.7%。 4. 能耗总量稳定低速增长。“十三五”时期,山东能耗总量累计增长 6.3%,以年均 1.2%的增速较好支撑了地区生产总值年均 6.0%的增长。其中煤炭消费量累计下降约 10.5%,石油消费量累计增长约 9.6%,天然气消费量累计增长 1.6 倍,用电量累计增长 28.2%	4. 坚定不移推动科技创新。加强能源领域科技创新。成立山东能源科技创新联盟,举办能源科技高端论坛。研发国家能源领域首台(套)重大技术装备,组织开展能源行业科技成果评选推介,推广 100 项重点技术、产品和装备,着力解决“卡脖子”问题。聚焦储能、氢能等领域标准体系建设,制定储能设计、验收和燃料氢气中含硫化合物测定等地方标准。全面推动煤矿智能化建设。以《关于加快推动全省煤矿智能化发展的实施意见》为指导,推动智能化由采掘工作面向矿井全系统延伸、由省属煤矿向市县属煤矿拓展,省属煤矿、大型煤矿、高瓦斯煤矿、煤与瓦斯突出煤矿“四类矿井”全部实现智能化开采。累计建成智能化采煤工作面 85 个以上、远程控制掘进工作面 100 个以上,智能化开采产量占比达到 65%以上。持续提升电网智能化水平。制定实施全省电网智能化建设方案,建设山东省电网智能化服务平台。推动氢能产业发展。积极推动东岳集团燃料电池用质子交换膜产业化等首批重大示范项目建设,评选并启动第二批省级示范项目建设,2021 年完成投资 20 亿元。开展可再生能源制氢试点,建成东营“渔光互补”光伏制氢项目。有序推动鲁氢经济带及周边地区加氢站建设,新增加氢站 8 座,日供氢能力增加 6 000 千克。 5. 积极推动储能发展。在电源侧,重点推动莱州土山昊阳“光伏+储能”、国能蓬莱电厂热储能、华能黄台电厂电化学储能等项目建设;在电网侧,加快推动沂蒙、文登、潍坊和泰安二期抽水蓄能电站建设;在用户侧,重点推动煤炭领域“储能+”应急电源、电力需求响应等场景示范应用。建立独立储能共享和储能优先参与调峰调度机制,新能源场站原则上配置不低于 10%的储能设施。全省新型储能设施规模达到 20 万千瓦左右
陕西	1. 截至 2020 年年底,陕西可再生能源装机规模达到 2 415 万千瓦,在全省电力总装机容量中占比超过三分之一;年发电量达到 364 亿千瓦·时,在全社会用电量中占比超过五分之一。	1. 推动煤油气高效集约绿色开发。持续优化煤炭产业结构,推动转化项目配套和资源接续的现代化矿井建设,推动大型煤矿智能化改造,打造绿色智能煤矿集群。坚持常规与非常规资源开发并重,注重生态保护和新技术推广应用,提高石油采收率,降低开采成本,保持原油产量、加工量基本稳定,天然气产量较大增长。 2. 建设清洁能源保障供应基地。加快电源结构调整和空间布局优化,统筹城市和工业园区供热、煤矸石煤泥资源综合利用、先进载能工业协同发展,推动电源布局战略北移,严格控制关中煤电规模,加大煤电淘汰关停和升级改造。大力发展风电和光伏,有序开发建设水电和生物质能,扩大地热能综合利用,提高清洁能源占比。按照风光火储一体化和源网荷储一体化开发模式,优化各类电源规模配比,扩大电力外送规模。

表 1-2(续)

省份	成　　效	举　　措
陕西	2. 充分发挥能源资源富集、化工技术领先的优势,煤炭、石油、天然气开采稳步提升,煤制烯烃、煤油气综合利用等一批全球首套装置先后投运,煤间接液化等一批世界先进技术加快产业化。陕西能源化工业建成5G等新基建信息基础设施,实现信息化、数字化、智能化的高质量发展。陕西省现代化工产业链不断延伸。持续推动煤炭深度转化和分质分级清洁高效利用,2020年延长榆能化70万吨煤制烯烃、渭化彬州30万吨煤制乙二醇、精益化工50万吨煤焦油深加工、神木富油50万吨环烷基油等项目建成投产。 3. 2021年前三个季度全省新能源汽车产量14.1万辆,同比增长254.5%,高于全国65个百分点	3. 实施能源化工延链补链行动。推动煤炭清洁高效转化,拓展煤油气盐多元综合循环利用途径,发展精细化工材料和终端应用产品,延伸产业链、提高附加值,强化多能融合,全面提升能源化工产业链现代化水平。有序推动煤炭分级分质梯级利用、煤油共炼等示范工程,发展高端化、差异化聚烯烃产品,合理控制煤制乙二醇规模,突破煤制芳烃技术瓶颈,推动向下游聚酯、工程塑料、特种橡胶、高分子复合材料等高附加值产业延伸,带动相关专用化学品和医药中间体、高端碳材料、服装面料、化纤包装等产业一体化发展。 4. 新能源。光伏,抓住碳达峰、碳中和等政策机遇,依托省内骨干龙头企业,推动智能光伏产业发展,加强高效单晶棒材、单晶硅片、高效单晶光伏电池与组件产品的研发与生产,引进培育逆变器、光伏玻璃等配套产业,形成以光伏制造业创新中心为核心的产学研协同创新体系。氢能,立足氢能资源优势,聚焦产业链关键环节,引进国内外氢能先进装备企业,加快形成氢能储运、加注及燃料电池等产业链。支持榆林、渭南、铜川、韩城等建设规模化副产氢纯化项目,形成2～3个千吨级燃料电池级氢气工厂,具备万吨级氢气资源储备和升级基础。风能,围绕风能装备上游兆瓦级新型风电机组、海上风电机组制造薄弱环节,补强核心零部件、发电机、控制系统等技术关键环节,推动由单一发电机制造向整机研发与制造及控制器、电机研发与制造等全产业链转型。 5. 新能源汽车。坚持做大整车、做强配套、突破关键,打造全国新能源汽车重要生产基地。依托陕西汽车控股集团有限公司、比亚迪股份有限公司、陕西法士特汽车传动集团有限责任公司等骨干企业,吸引动力电池、电机、电控、传感器、车载操作系统等配套企业集聚。加强新能源汽车研发,强化整车技术创新,突破关键零部件技术,推动与互联网、新能源、人工智能等融合创新发展,推动充换电、加氢、信息通信与道路交通等基础设施建设,提升互联互通水平和使用效率
河南	1. "十三五"期间,风电、光伏等新能源发电装机容量年均增速达到70%,高出全国平均水平40个百分点,初步测算,可再生能源发电装机容量占总装机容量比例接近30%。 2. 全省能源消费中煤炭占比降至67%,与全国平均水平差距明显缩小。 3. 青豫直流特高压输电工程建成投产,鄂安沧输气管道濮阳支线投产送气,管道天然气通达全部省辖市城区和98个县(市)。 4. 光伏扶贫项目覆盖全省110个县(市、区)、40.6万户贫困群众,扶贫电站规模和带贫人口总数均列全国第一	1. 外部引入和省内供应相统筹,全力保障能源充足有效供应。把保障能源安全作为首要任务,贯穿到能源发展各领域和全过程,拓展能源保障途径,维护能源重要基础设施安全,保持能源充足稳定供应。 2. 传统能源转型升级和大力发展新能源相统筹,着力优化能源结构。把绿色低碳作为能源发展的前提条件,坚持"绿水青山就是金山银山"理念,围绕"碳达峰、碳中和"目标,着力提升化石能源清洁低碳利用水平,大力发展可再生能源,加快开发新型能源,大幅提高非化石能源消费比重。 3. 着眼长远和立足当前相统筹,持续强化能源基础能力。把基础能力建设作为推动能源高质量发展的重要抓手,按照突出重点、补齐短板、强化弱项原则,加快推动外电入豫、外气入豫等清洁能源输送通道建设,持续优化能源输配网络,加快调峰储备能力建设,全面提升省内能源综合保障水平。 4. 供给侧结构性改革和需求侧改革相统筹,加快构建绿色生产生活方式。把节能优先作为能源利用重要方针,以能源低碳化为方向,以市场化配置为突破,控制能源和煤炭消费总量,持续降低能源消耗强度,用最少的资源消耗支撑最大的经济社会效益,从源头减少二氧化碳和污染物排放总量

第四节　国内外能源转型发展经验对山西的启示

山西是我国重要的能源基地，一直肩负着全国资源型经济转型综合配套改革试验区和能源革命综合改革试点省的国家使命，并志在“争当全国能源革命排头兵”。面对全球能源转型和我国其他省份积极谋划和部署绿色能源产业，抢占优先发展权的紧迫形势，山西在“结构性缺陷”的现实背景下，能源产业转型成为关键和必然。未来山西要学习国际和发达省份的先进政策经验，对标一流，谋划和推动绿色能源产业发展。山西要立足自身基础禀赋，以落实“双碳”任务为牵引，以能源技术革新为抓手，以绿色能源为支点，加速研究制定能源领域政策举措，围绕促进能源低碳智慧转型、新能源高质量发展、新型电力系统建设、产业绿色化发展出台配套目标和标准体系、任务和举措体系、政策和制度体系，筑牢绿色能源产业发展的支撑，推动能源产业转型升级，大力发展风能、光能、氢能、生物质能等新能源，走绿色、高效、安全、可持续发展之路，实现从传统能源独大向绿色能源转型，加快构建清洁低碳、安全高效的现代能源体系，为我国实现碳达峰碳中和目标做出山西贡献。力争把山西建设成国家资源型经济转型发展示范区，全国能源革命综合改革试点先行区，黄河流域生态保护和高质量发展重要试验区，使山西在全国构建新发展格局中的比较优势进一步发挥，在落实国家使命和国家战略中的责任担当进一步彰显，在全国发展大局中的地位进一步提升。

第二章　山西省绿色能源发展现状

第一节　山西省绿色能源发展成效

一、政策路径优势不断显现

习近平总书记提出山西要通过能源革命综合改革试点，争当全国能源革命排头兵。2019 年 5 月，中央全面深化改革委员会第八次会议审议通过的《关于在山西开展能源革命综合改革试点的意见》，把山西作为全国能源革命的"试验田"，给予了系统集成、含金量很高的改革授权。近年来，山西省成立了打造全国能源革命排头兵领导小组，扎实开展能源革命综合改革试点，以"四个革命、一个合作"能源安全新战略为指引，深化能源供给侧结构性改革，推动产业结构、能源结构持续优化，加快构建清洁低碳、安全高效的现代能源体系，绿色低碳发展取得积极成效。

二、能源产业绿色化智能化取得新进步

"十三五"期间，山西省立足破解能源产业发展的关键技术瓶颈，大力推动能源核心技术研发，全面推动煤矿绿色智能开采。退出煤炭过剩产能 1.5 亿吨，煤炭先进产能占比达到 68%。全省启动 1 000 个智能采掘工作面建设，截至 2020 年年底，全省煤矿 890 座，产能 13.57 亿吨/年，平均单井规模 150 万吨/年以上。开展煤矿智能化改造、绿色开采试点示范，塔山矿等 10 座煤矿入选国家首批智能化示范建设煤矿名单，全省 16 座煤矿实现 5G 入井、10 座省级绿色开采试点煤矿全部通过竣工验收。深化供给侧结构性改革，淘汰压减焦化产能约 4 129 万吨。全部煤电机组完成超低排放改造，煤炭供给质量有效提升。

三、能源产业结构持续调整优化

山西省统计局发布的统计公报显示，2020 年山西省万元地区生产总值能耗下降 2.88%，能源消费总量增长 0.6%。2020 年，全省规模以上原煤产量 106 306.8 万吨，同比增长 8.2%；焦炭产量 10 493.7 万吨，同比增长 5.6%；发电量 3 366.9 亿千瓦·时，同比增长 2.1%；非常规天然气产量 85.2 亿立方米。一次能源生产折标准煤 7.5 亿吨，同比增长 8.3%；二次能源生产折标准煤 6.4 亿吨，同比增长 19.6%。2020 年年末全省发电装机容量 10 383.1 万千瓦，比上年末增长 12.3%。2020 年全省全社会发电量 3 395.4 亿千瓦·时，增长 4.4%。2015—2019 年山西省一次能源产量及其构成见图 2-1 和图 2-2。

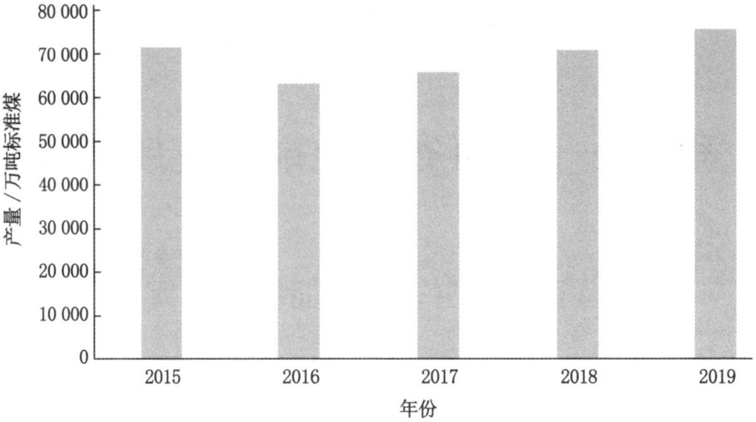

图 2-1　2015—2019 年山西省一次能源产量

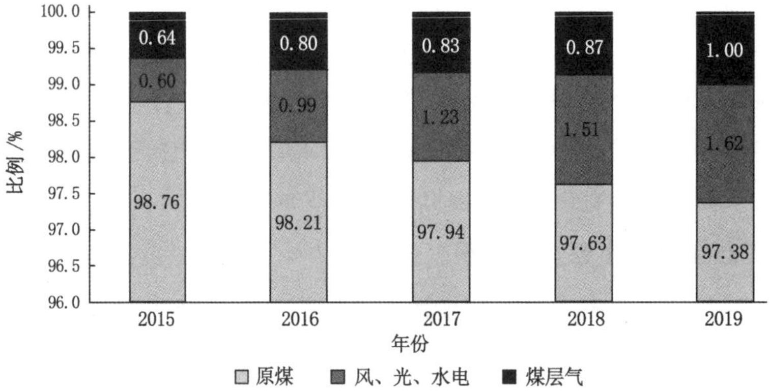

图 2-2　2015—2019 年山西省一次能源产量构成

四、绿色智造体系持续完善

山西省贯彻习近平生态文明思想，推动工业绿色发展，取得新的进步。稳步推进工业节能降耗，加快推进煤矸石、粉煤灰、冶炼渣、脱硫石膏等大宗工业固废减量化、资源化、无害化利用。“十三五”期间，累计创建 37 个绿色工厂、3 个绿色工业园区、16 个绿色设计产品、2 个绿色供应链，绿色生产方式正在加快形成。山西省煤炭过剩产能退出总量居全国第一位。

五、绿色能源消费理念加快转变

近年来，山西切实把能源消费革命摆在战略优先位置，把节能和提高能效作为重要突破方向，促进用能结构和方式深刻变革。稳步推进能源消费“双控”工程，推进清洁供暖、煤炭消费减量替代及节能工作，能源利用效率不断提高，能源消费结构不断优化，用能方式从粗放浪费向集约高效转变。印发实施《“新能源＋电动汽车”协同互动智慧能源试点建设方案》，探索构建“源(新能源)-网-荷(电动汽车)-储(蓄电池)”协同运行的"互联网＋"智慧能源系统，提升需求侧主动响应能力和新能源消纳水平。2021 年上半年工业新动能快速增长。与 2020 年同期相比，全省规模以上工业增加值中，煤炭工业增长 14%。部分新产品产量快速增长，新能源汽车产量增长 3.9 倍，光伏电池增长 40.7%。全省限额以上消费品零售额中，新能源汽车增长 1.5 倍。山西绿色多元能源供给体系正在加速形成。

第二节　山西省绿色能源重点行业发展概况

一、智慧矿山

山西省煤炭资源丰富，煤种齐全，分布广、质量优，含煤面积占省土地面积的 40.4%，煤层气资源约占全国煤层气资源总量的 1/3，煤矿采掘机械化程度均达到 100%。近年来，山西省全面推动能源革命综合改革，遴选 10 座煤矿和 50 个智能综采工作面开展煤矿智能化建设试点，制定出台煤矿智能化地方标准。阳煤集团新元煤矿、霍州煤电庞庞塔煤矿率先建成井下 5G 专网，成为全国智慧矿山建设的典型示范。

煤炭资源智能低碳分选与利用发展良好。智能矿业蓬勃发展，为选煤产业自动化、集成化、智能化发展提供了良好基础。近年来，山西省采取了基地建设、政策引导、资金支持、项目带动、协调服务等一系列措施，积极推动大宗工业固废综合利用，煤矸石、粉煤灰、冶炼渣、脱硫石膏 4 项工业固废综合利用量达 1 亿多吨。连续 8 年成功举办亚洲粉煤灰及脱硫石膏处理与利用技术国际交流大会。

煤层气产业发展迅速。山西省煤层气装备制造业基础雄厚，已经形成了煤层气勘探、钻井、开采、运输的产业链。全省煤层气产量 81.46 亿立方米，较"十二五"末翻了一番。2021 年太原能源低碳发展论坛数据显示，山西已探明煤层气地质储量 1.06 万亿立方米，约占全国的 89.83%。

二、绿色电力

截至 2020 年年底，山西电力总装机容量为 10 383 万千瓦，居全国第六位。其中，火电装机容量为 6 878 万千瓦，占比 66.2%；风电装机容量为 1 974 万千瓦、太阳能装机容量为 1 309 万千瓦。山西的能源革命步伐较快，新能源装机容量占比 31.6%，高于全国平均值 24.32%。

三、清洁能源

(1) 风能。《山西省"十三五"新能源产业发展规划》显示，到"十三五"末，风电装机容量为 1 600 万千瓦，每年新增 186 万千瓦左右，占全国年度新增量的 7.2%。其中，晋北千万千瓦风电基地每年新增 120 万千瓦，其他地区每年新增 66 万千瓦左右。从自身产业体系看，太原重工新能源装备有限公司等风电装备品牌企业在国内已有一定的影响力，省内已初步形成整机带动零部件企业发展的格局，具有产业链全面发展的基础条件。

(2) 太阳能。《山西省“十三五”新能源产业发展规划》显示，到“十三五”末，太阳能发电装机容量力争达到1 200万千瓦，其中，光伏发电1 050万千瓦左右，光热发电达到50万千瓦；每年平均新增220万千瓦左右，占全国年度新增量的9.3%；同时不断扩大太阳能热利用在居民建筑和工农业应用规模。据太原海关统计，2021年第一季度，山西省太阳能电池出口金额5.6亿元，同比增长274.9%，出口20多个国家和地区。其中，对印度出口金额2.8亿元，同比增长372.3%；对东盟出口金额1.8亿元，同比增长467.3%。

(3) 氢能。氢气资源储量大，且成本极低。山西省焦化行业副产的焦炉煤气如果全部制氢，产能可以达到每年150亿立方米，可满足全国氢燃料电池汽车的需求。国内首条在没有政府补贴的前提下，集制备提纯、运输加注、车辆运营、安全监管为一体的氢能重卡示范项目在清徐美锦投运。全省重卡保有量超过40万辆，年更换率超过8%，是极佳的氢燃料电池重卡示范应用运营场所。

四、焦炭、现代煤化工

全力推动焦化行业压减过剩产能，完成环保督察压减4 027万吨过剩产能任务，顺利建成1 800万吨大型焦化产能项目，全省大机焦产能占比达到56%。产业绿色化发展持续加快，26个绿色工厂、2个绿色园区、10个绿色设计产品、1个绿色供应链入选工信部第五批绿色制造名单。山西省煤化工和焦化产业基础较好，煤制油、乙二醇装置实现长周期稳定运行。焦炭产能产量长期位于全国首位。利用焦炉煤气生产乙二醇，以及焦化苯深加工具有明显的成本优势，为进一步延伸产业链，发展尼龙、聚酯、全合成润滑油等碳基合成新材料提供了良好的产业基础。山西省聚集了中国科学院山西煤化所、太原理工大学、赛鼎工程有限公司等国内知名的煤化工及碳基新材料领域专业机构，拥有煤转化国家重点实验室等4个国家级创新平台，天脊煤化工集团股份有限公司技术中心等8个国家级企业技术中心，山西天泽煤化工集团股份公司技术中心等32个省级企业技术中心，山西省煤化工研究生教育创新中心等4个研究生教育创新中心，山西省焦化产业联盟等省级行业联盟1个，涵盖化工行业主要领域。

五、新能源汽车

在碳中和背景下，供能端和用能端将发生深刻变化。供能端将主要通过光伏、风电等可再生能源的替代减排；而用能端将主要通过交通领域新能源化以及工业领域的电动化减排。目前省内有整车企业5家，均具备新能源汽车生产能力，产能31.5万辆。省内现有主要零部件配套企业40余家，可生产动力电池、燃料电池、车体部件及高端轮毂等车用产品。“百度AI City”自动驾驶车路协同示范区（阳泉城市路段）

具备测试条件，建设成为“智能网联与新能源汽车”示范运营样板。依托宁德时代在大同做好新能源＋储能装备制造。吕梁市率先开展甲醇重卡的示范运营，晋中市、长治市是工信部首批甲醇汽车试点地区。全省甲醇产能660万吨，且甲醇为山西省高硫劣质煤的有效应用提供了新的途径。龙头企业技术储备丰富。吉利第六代甲醇汽车已获公告，在晋中基地批量生产。山西北达发动机制造有限公司、山西成功淮海发动机有限公司均有研发甲醇发动机的技术实力。

第三节　山西省绿色能源发展存在的主要问题

在实现“双碳”目标过程中，山西省绿色能源领域发展仍存在诸多问题，面临重大挑战。能源产业绿色化发展需要解决的问题主要为以下八个方面。

一、传统产业面临环保压力

当前，山西省传统产业在工业经济中所占比重较大，在较长时间内仍然是保障稳定发展的重要支撑。但是，焦化行业存在较为突出的环保问题，钢铁企业污染治理面临较大压力，抑制传统化石能源消费扩张已成共识。特别是当前对“两高”项目的严格管控，加之环保、“双碳”的共同叠加，给传统能源产业发展带来了较大的转型升级压力，也给新兴产业进一步发展壮大带来了空间挤压。山西省绿色能源领域亟须探索一条在实现“双碳”发展目标过程中，统筹节能降碳，协同推动产业稳定增效的新路径。

二、清洁能源供应比重不足

煤炭在山西工业经济总量中占比过大，约占工业增加值的一半以上。山西省近10％的人口直接从事煤炭相关行业工作。2020年年末，火电机组装机容量为6 878万千瓦，占比66.2％。煤炭和煤电仍然居于支撑和引领经济增长和供能的重要地位。截至2020年年底，山西电力总装机容量为10 383万千瓦，其中新能源和可再生能源装机占比为34.38％。“十三五”以来，山西风电、光伏装机容量年均增长分别为24.16％和63.22％，光伏领跑基地装机规模达400万千瓦，居全国第一，但总体来说，清洁能源供应比重仍然不足。

三、用能供能存在较大阻碍

山西焦炉煤气资源丰富，为氢能产业发展带来了一定的基础和优势。为此，山西省将发展氢能产业作为构筑绿色能源产业优势，推动能源结构多元化的重要部分。但是当前氢能产业发展，在储运、加注、氢燃料电池制备等氢能产业链各环节关键技术方面，仍存在诸多需要突破的重大技术难题。能源结构的单一导致能源改革任重道远，对未来山西实现由能源供应基地到清洁能源供应基地的转变带来了较大的压力。

四、新型能源发展受到制约

当前山西省总体仍处于工业化中期向后期发展的关键阶段，经济发展和民生改善任务还很重，特别是按照中国共产党山西省第十二次代表大会精神要求，山西省今后五年将完成建设成为国家资源型经济发展示范区、全国能源革命综合改革试点先行区、黄河流域生态保护和高质量发展重要试验区等目标。同时，还谋划提出了战略新兴产业、制造业等关键指标。这些目标任务都为未来能源产业进一步改革调整提出了更高的标准，对山西省持续优化供能用能结构提出了更高的要求。另外，我国新能源产业的金融服务较为滞后，集中体现为融资方式较少、融资成本偏高和融资审批趋严。作为产业发展的关键一环，金融机构亟须聚焦产业需求，创新金融供给，服务新能源产业新发展。

五、传统产业调整压力巨大

山西省正处于单一煤电向煤层气、光伏、风电等多轮驱动转变的关键时期。为深入开展能源革命综合改革试点建设工作，担负起以习近平同志为核心的党中央赋予山西的重大使命，山西推出了 15 项变革性、牵引性、标志性重大举措，以改革促转型，集中力量打攻坚战，加快建设煤炭绿色开发利用基地、非常规天然气基地、电力外送基地、现代煤化工示范基地、煤基科技创新成果转化基地等“五大基地”。

六、落实“六新”发展任务紧迫

聚焦“六新”是山西在能源革命和转型综改的重要战略机遇期最迫切需要谋划解决的问题。习近平总书记“六新”的提出正是观大势、察实情、出实招，那就是把握新一轮世界科技与产业发展的新方向，在发展新基建、研发新技术上找到自己的突破口，以历史上具有累积优势的新材料、新装备为突破口，推出山西名牌新产品，在三晋大地上生发新业态，为山西经济增长和发展提供新的动力和取之不竭的源动能。但是，山西创新基础较差，与先进省份差距大，这对山西下一步工作提出了更加紧迫的要求。

七、尚未形成智能供能体系

经过多年发展，山西能源产业形成了独具特色的产业体系和结构。进一步围绕煤层气勘探、现代煤化工、新能源、新材料、装备制造等重点领域产业链延伸以及关键技术与核心设备研发；围绕新能源、生物医药、大数据、新能源汽车等领域，发展基于互联网的研发服务、检验检测、科技咨询、知识产权、融资、科研仪器共享、技术交易市场等公共服务平台，推动战略性新兴产业补链、延链、强链、提链；围绕高端装备制造、新材料、节能环保、新能源、金融、物流、医药和大健康、煤化工、通航产业、文化旅游、农产品精深加工、煤炭电力、钢铁等重点产业，开设产业链统计数据共享试点。

八、政策支持还未形成优势

近年来，山西积极探索瓦斯治理和综合利用的技术和方法，瓦斯治理模式不断创新，瓦斯抽采利用量不断增加，瓦斯发电等技术路径不断优化。但是，由于瓦斯利用受能耗指标限制，进一步发展受到制约，亟须探索建立瓦斯耗能指标交易体系。同时，山西省煤层气产业发展迅速，开发利用规模稳步增长，煤层气产业链已趋向完整。基本形成包括煤层气勘探开发，煤矿井下抽采，工程技术服务，煤层气压缩、液化、管输，煤层气物流，燃气发电和瓦斯发电，氧化铝以及煤层气装备制造等在内的大产业链，成为我国煤层气产业发展的排头兵和引领者。但是，当前还面临需要进一步放开煤系气探矿权的问题，亟须国家支持山西开展煤系气勘查开采管理体制改革，以加快建设国家非常规天然气保障基地。

第三章 山西省绿色能源发展的总体思路

第一节 指导思想

坚持以习近平新时代中国特色社会主义思想为指导，深入贯彻习近平总书记视察山西重要讲话重要指示精神，推动落实山西省第十二次党代会精神，贯彻“四个革命、一个合作”能源发展战略，把握新发展阶段、贯彻新发展理念、构建新发展格局，以全方位推动高质量发展为主题，结合碳达峰碳中和要求，以建设国家资源型经济转型综合配套改革试验区为牵引，以深化供给侧结构性改革为主线，以改革创新为根本动力，统筹发展和安全，推动传统能源转型升级和清洁能源系统建设战略部署，实现产业绿色发展；推动节能减排工程，全面构建清洁、低碳、安全高效的现代能源体系，在能源产业转型发展上率先蹚出一条新路来，在国内、国际双循环的新发展格局中赢得战略主动、发展先机、核心竞争力，进入国内大循环的中高端，成为国内大循环的关键环，为全方位推动山西高质量发展提供有力支撑，为实现国家“双碳”目标做出山西贡献。

第二节 遵循的基本原则

一、坚持绿色低碳、协调发展

立足能源生产和消费大省实际，统筹推动化石能源清洁高效利用与非化石能源规模化发展，优化调整能源结构，加快能源发展方式转变。全面构建清洁、低碳、安全高效的现代能源体系。

二、坚持改革驱动、创新发展

以自主创新为山西能源产业绿色转型突破口，让创新成为第一动力，大力推动能源领域技术创新，全面提升创新驱动发展水平，推动产学研深度融合，推动山西省能源技术从引进跟随向自主创新转变。

三、坚持节能减排、高效发展

深入践行绿色生产消费理念，把能源节约贯穿发展的各领域、各环节，充分发挥节能减排的引导和倒逼作用，持续提高能源利用效率，加快构建能源节约型社会。

四、坚持能源安全、高质量发展

保障国家能源安全、稳定、经济供应的同时，加快构建清洁低碳、安全高效的现代能源体系，以能源领域绿色低碳发展作为全方位推动山西高质量发展的重要支撑，确保山西与全国同步实现碳达峰碳中和目标。

第三节 主要目标

“十四五”期间，山西绿色能源产业发展要实现“由大到优”，深入推动能源革命综合改革试点，加快技术革新，实现“绿色、安全、高效、清洁”发展，通过“点煤成金”为全国能源革命探索新的道路模式。

一、多轮驱动的现代能源体系基本形成

到 2025 年，国家新型能源基地、煤炭绿色开发利用基地、非常规天然气基地、电力外送基地建设取得积极成果，多能互补开发加快推动，绿色多元能源供应体系加快构建；绿色能源产业主营业务收入实现 16 600 亿元，煤炭主营业务收入保持全国领先地位。

二、传统能源转变升级取得明显成效

到 2025 年，合理控制煤炭开发规模，原煤产量稳定在 10 亿吨左右。促进煤矿智能化发展，推动“5G＋”智慧矿山建设，用科技手段实现煤矿本质安全和减员增效。煤炭分质分级梯级利用加快推动，煤炭作为原料和材料的使用比例进一步提升。推动煤炭智能绿色安全开采和高效清洁深度利用居于全国领先水平。

三、传统产业高端化智能化绿色化水平显著提高

焦化、电力等重点行业碳达峰目标任务有序推动，产业绿色技术创新应用水平进一步提高，能源及相关产业链条持续拓展，以市场化、法治化、公平性、可持续为方向，战略性新兴产业电价支持政策体系进一步完善，能源优势转化为新兴产业发展的竞争优势持续显现。

四、互联网与能源深度融合的能源产业新形态基本形成

到 2025 年，互联网与能源深度融合的能源产业新形态基本形成，化石能源清洁利用效率大幅提升。互联网与能源生产、传输、存储、消费以及能源市场深度融合的能源产业发展新形态加速构建。

五、“氢能＋”产业集群逐渐形成

焦氢共赢、风光制氢、优化消纳，能源交通、氢储覆盖的全产业链创新发展格局加快构建。制氢、储氢、加氢、运氢、用氢全产业链加速布局。以本地特色产业为引领，氢能项目管理机制、商业模式和运行机制持续完善，逐渐形成具有山西特色的氢能产

业创新之路。

六、节能环保产业水平全国领先

到2025年，节能环保产业培育10家主营业务年销售额20亿的企业，节能环保产业处于全国先进水平；创新能力持续增强，研发20项具有自主知识产权的关键共性技术并实现应用转化，每年推广20项节能环保先进适用技术；产业布局逐步优化，打造各具特色的节能低碳环保产业园区15个，其中国家级节能环保产业示范园区3个。

第四节　绿色能源发展的重点任务

传统产业中，智能矿山在维持煤炭产量不变的基础上，挖掘产业潜力，通过附加值提升抵消价格下滑的压力和影响，以维持增加值不变；绿色电力保持稳定增长。新兴产业中，新能源产业成为重要增长点，节能环保与绿色焦炭和现代煤化工增长显著。

一、推进煤炭消费替代和转型升级

加快煤炭减量步伐，“十四五”时期严格合理控制煤炭消费增长，“十五五”时期煤炭消费逐步减少。严格控制新增煤电项目，新建机组煤耗标准达到国际先进水平，有序淘汰煤电落后产能，加快现役机组节能升级和灵活性改造，积极推进供热改造，推动煤电向基础保障性和系统调节性电源并重转型。严控跨区外送可再生能源电力配套煤电规模，新建通道可再生能源电量比例原则上不低于50%。推动重点用煤行业减煤限煤。大力推动煤炭清洁利用，合理划定禁止散烧区域，多措并举、积极有序推进散煤替代，逐步减少直至禁止煤炭散烧。

二、大力发展新能源

全面推进风电、太阳能发电大规模开发和高质量发展，坚持集中式与分布式并举，加快建设风电和光伏发电基地。加快智能光伏产业创新升级和特色应用，创新“光伏+”模式，推进光伏发电多元布局。坚持陆海并重，推动风电协调快速发展，完善海上风电产业链，鼓励建设海上风电基地。积极发展太阳能光热发电，推动建立光热发电与光伏发电、风电互补调节的风光热综合可再生能源发电基地。因地制宜发展生物质发电、生物质能清洁供暖和生物天然气。探索深化地热能以及波浪能、潮流能、温差能等海洋新能源开发利用。进一步完善可再生能源电力消纳保障机制。到2030年，风电、太阳能发电总装机容量达到12亿千瓦以上。

三、合理调控油气消费

保持石油消费处于合理区间，逐步调整汽油消费规模，大力推进先进生物液体燃料、可持续航空燃料等替代传统燃油，提升终端燃油产品能效。加快推进页岩气、煤层气、致密油(气)等非常规油气资源规模化开发。有序引导天然气消费,优化利用结构,优先保障民生用气,大力推动天然气与多种能源融合发展,因地制宜建设天然气调峰电站,合理引导工业用气和化工原料用气。支持车船使用液化天然气作为燃料。

四、加快建设新型电力系统

构建新能源占比逐渐提高的新型电力系统,推动清洁电力资源大范围优化配置。大力提升电力系统综合调节能力,加快灵活调节电源建设,引导自备电厂、传统高载能工业负荷、工商业可中断负荷、电动汽车充电网络、虚拟电厂等参与系统调节,建设坚强智能电网,提升电网安全保障水平。积极发展“新能源+储能”、源网荷储一体化和多能互补,支持分布式新能源合理配置储能系统。制定新一轮抽水蓄能电站中长期发展规划,完善促进抽水蓄能发展的政策机制。加快新型储能示范推广应用。深化电力体制改革,加快构建全国统一电力市场体系。

第四章　山西省绿色能源产业转型升级发展路径的设计

2021年中央经济工作会议提出，要正确认识和把握碳达峰碳中和。实现碳达峰碳中和是推动高质量发展的内在要求，要坚定不移推进，但不可能毕其功于一役。山西省要立足以煤为主的基本国情，抓好煤炭清洁高效利用，增加新能源消纳能力，推动煤炭和新能源优化组合。

当前多地呈现煤电紧张局面。在此背景下，准确把握“双碳”节奏和保障能源安全考验着山西智慧。对此，林武书记要求山西煤炭、电力等传统产业要强化危机意识，全面迈过同行业平均水平这个“生存线”，力争达到先进水平这个“发展线”，同时支持煤电行业向绿色低碳综合能源服务商转变。

第一节　传统能源转型升级工程

一、煤炭产业高质量发展

（一）煤炭产业转型发展基础

煤炭已成为山西的重要标志和文化符号。山西是煤炭生产大省，是我国重要的能源供应基地。煤炭产业持续健康稳定发展，不仅对山西国民经济发展起着举足轻重的作用，而且对国家能源安全发挥着重要的保障作用。未来一个时期，煤炭作为主体能源的地位不会发生根本性改变，山西作为我国重要能源和工业基地的战略地位不会发生根本性改变。

全省煤炭资源储量大、分布广、品种全、质量优，含煤面积6.2万平方千米，占全省土地面积的40.4%；119个县(市、区)中94个有煤炭资源。全省2 000米以浅煤炭预测资源储量6 652亿吨；探明保有资源储量2 674.3亿吨，约占全国的1/4。全省2 000米以浅含气面积35 796.86平方千米，煤层气资源总量83 097.86亿立方米，约占全国煤层气资源总量的1/3。

“十三五”时期，山西落实“三去一降一补”重点任务成效显著，累计退出煤炭过剩产能1.57亿吨，淘汰钢铁产能655万吨，淘汰落后小煤电机组产能414万千瓦。

面临不利的发展环境，为实现“双碳”目标，国家及地方政府势必进行能源资源战略调整，可能会出台一些压缩煤炭产能、减少煤炭相关产业资金投入等政策。

优质易开发煤炭资源逐年减少。近年来，随着煤炭资源的大规模高强度持续开发，煤炭资源开采深度、开采成本等逐年增加，优质焦煤、化工用煤等储量大幅减少。煤炭资源开采成本增加，老矿区面临资源枯竭转型难题，煤炭资源实现绿色、低碳开发面临技术与经济双重困难。

生态硬约束使开采成本大幅增加。生态保护的红线要求煤炭必须绿色开发。充填开采、矸石处理、保水开采、塌陷区治理等现有煤炭资源绿色开发技术普遍存在效率低、效益差等问题。煤炭资源绿色开发势必将大幅增加煤炭开发利用成本，削弱煤炭资源价格竞争优势，应完善煤炭资源绿色高效开发技术体系。

煤炭生产和供给模式不适应新发展要求。新时期，煤炭市场不确定性因素增多，市场对煤炭需求的弹性要求提高，国内煤炭市场供需结构将发生重大改变。煤炭现有生产和供给模式不适应新发展要求，需要建立新型柔性煤炭生产与供给体系。

（二）煤炭产业生存优势和转型发展方向

1. 山西煤炭产业生存优势明显

安全生产约束性指标不断提高。2020 年山西省矿山安全生产形势稳定向好，煤矿发生死亡事故和死亡人数同比分别下降 40%和 51.92%，全省 626 座生产煤矿全部达到国家二级以上标准，其中 160 座达到了国家一级标准，占全国一级标准化煤矿的 36.8%，安全生产水平不断提升。

煤炭工业优势明显。山西省作为我国煤炭资源最为丰富的省份，有成熟的投资环境与投资政策，与全国其他煤炭调出省份相比，山西省煤炭工业有着明显的优势：探明储量大、服务年限长。按照 2005 年山西省原煤总产量 5.5 亿吨，动用消耗资源 14 亿吨测算，目前已探明的 2 000 米以内的储量可以服务 130 年以上。煤种齐全，煤质优良，应用前景广阔。在山西省已探明的煤炭资源储量中国家标准 14 个牌号的煤种都有赋存，其中焦煤居全国之首。煤炭开采条件优于其他富煤省，煤炭各类成分均好于全国平均水平，在未来国内外煤炭市场中，山西省煤炭有着广阔的市场前景和较强的竞争力。主体地位依然存在，对全国煤炭市场大局仍执牛耳，特别是在焦煤、无烟煤市场中极具竞争优势。供需双方从产、运到交易渠道到质量品种都已经长期沟通，特别是在经历了数次煤炭市场波动的考验之后，双方的联系更加巩固和牢靠，建立了长期稳定的市场供求关系。地理位置、交通运输等具有客观优势，从全国来看，对比其他富煤省同我国煤炭主消费地之间的距离，山西省处最佳地带，再加上国家和地方多年来在交通运输上的投资倾斜，使山西省在煤炭运输成本、保障供货等方面仍占地理之优。市场竞争力强。多年煤炭产运销的实践，锻炼培养了大批优秀的理论研究、信息分析、政策咨询、经销管理的队伍，这是山西省在市场经济条件下参与竞争的重要财富。

2. 山西煤炭产业转型发展机遇与方向

山西省实现碳达峰碳中和目标要求和高质量发展的内在要求给煤炭行业带来发

展空间受限的严峻挑战，也给煤炭行业带来转型发展的机遇。

碳达峰碳中和目标促进煤炭消费减量，带动煤炭生产强度下降，给煤炭行业带来发展空间受限的严峻挑战，也为煤炭行业留出降低发展速度、提升发展质量的时间和空间，给煤炭行业带来转型发展的三大机遇：

(1) 实现煤炭高质量发展的机遇。煤炭行业70年负载运行，超负荷生产，为经济社会发展贡献了925亿吨煤炭产品。为了满足高产能的要求，煤炭行业做出了巨大努力。碳达峰碳中和目标下，煤炭行业可放下产量增长的包袱，从扩大产能产量追求粗放性效益为第一目标的增量时代，迈向更加重视生产、加工、储运、消费全过程安全性、绿色性、低碳性、经济性的存量时代，快速提升发展质量。

(2) 煤炭升级高技术产业的机遇。2015年以来，煤炭行业积极把握经济社会发展的态势，主动提出煤炭革命、自我革命。大量高校、科研院所已开始研究，一些研究团队取得了一定进展，但尚未取得重大突破。碳达峰碳中和目标倒逼煤炭行业改变过去几十年引进—消化—吸收—再创新的路径延续式创新模式，集聚优势创新资源，轻装上阵主攻技术装备，早日成为高精尖技术产业。

(3) 煤炭抢占新能源主阵地的机遇。燃煤发电与可再生能源发电优化组合，可充分利用燃煤发电的稳定性，为可再生能源平抑波动提供基底，规避可再生能源发电的不稳定性；利用可再生能源的碳中和能力，为燃煤发电提供碳减排途径，在很大程度上减轻单纯燃煤发电的碳减排压力。碳中和目标倒逼煤炭企业主动发展新能源，进入新能源主阵地。可以充分发挥煤矿区优势，以煤电为核心，与太阳能发电、风电协同发展，构建多能互补的清洁能源系统，将煤矿区建设成为地面-井下一体化的风、光、电、热、气多元协同的清洁能源基地。

推动煤炭开采方式向安全性、智能化、绿色化方向发展。2020年山西省印发了《山西省安全生产专项整治三年行动计划》(以下简称《行动计划》)，对煤炭开采方式向安全性、智能化、绿色化方向发展提出了具体要求。一是提出了到2020年年底前，年产60万吨以下煤矿全部退出，全省煤矿数量减少至900座以内，大型煤矿产量占比达到76%以上的目标。山西省安全生产专项整治三年行动从2020年4月开始至2022年12月结束，重点分2个专题和11个重点行业领域深入推动实施。二是《行动计划》提出，建设智能矿山，打造一批能源革命标杆示范矿井。2020年年底全省煤矿淘汰高档普采采煤工艺，2022年年底力争智能综采工作面达到50个以上，建成10座智能煤矿。截至2020年6月，山西共有954座生产建设煤矿，规模以上原煤产量达9.71亿吨，先进产能占比大幅提高，已达68%；绿色开采试点有序推进，煤矿瓦斯抽采利用效果不断提升。按照三年行动计划要求，接下来需加大力度进一步提高煤炭开采方式的安全性、智能化和绿色化。

推动煤矿生产建设向智能化方向发展。为深入推进全省煤矿智能化建设工作，山西省2020年印发了《2021年度全省深入推进煤矿智能化建设工作方案》(以下简称

《工作方案》），对煤矿智能化建设提出了具体要求。《工作方案》明确提出，坚持“项目为王”，以采掘智能化工作面建设为重点，加快全省煤矿智能化建设，推进煤矿向本质安全方向迈进。2021 年推动全省 1 000 个智能化采掘工作面建设，拓展智能化应用场景，全面推进煤矿固定场所无人值守，关键环节机器人替代，实现智能化采煤工作面减人 60%，全省井工煤矿单班入井人数减少 10%～20% 目标。截至 2020 年年底，山西省已有 80 个综采工作面推进智能化建设，投入使用 51 个，以点带面促进全省煤矿智能化建设；381 条胶带运输线实现集中控制，1 093 处固定硐室、场所实现无人值守，极大提升了安全保障能力；塔山、同忻、新元等煤矿承担了国家重点科研项目；燕子山、马道头、新景等煤矿研发应用“十三臂”掘锚一体机、引进 TBM 盾构机，智能化掘进工作面取得零的突破；新元煤矿建成国内首座 5G 煤矿，塔山等 6 座煤矿陆续实现了 5G 入井，全省各大主要煤炭集团均已开展不同场景机器人的研发、应用。按照 2020 年煤矿智能化建设工作方案的要求，下一步应加大力度推动煤矿智能化升级进程，助力山西煤矿本质安全。

（三）煤炭产业转型升级的路径设计

按照省委省政府提出的煤炭工业发展要求及未来煤炭产业发展的趋势，依托山西省煤炭产业基础，山西煤炭产业应作为一项生态体系和系统工程统筹推进，朝着智能化、绿色化、服务化的目标迈进。针对智慧矿山建设、智能煤机制造、煤炭绿色化开采、煤层气开采等方面，在技术、设备、服务、网络化、智能化等方面推动煤炭产业的高质量发展，为山西省绿色能源产业打造智能化、绿色化标杆产业。

1. 推进智慧矿山建设工作举措与路径设计

智慧矿山的兴起，为煤炭行业转型升级提供了优质解决方案。通过将新一代智能科技与传统煤炭生产工艺创新融合，提升行业整体科技实力、转变煤炭行业传统形象，促进行业提质增效，是重塑煤炭产业价值体系的一次重要机遇。把智慧矿山建设作为煤炭数字化转型的重要着力点，为山西传统产业高质量发展奠定坚实基础。

（1）守住生存线，筑牢智慧矿山发展根基

① 部分煤矿基础薄弱，建设难度大。部分传统煤矿投资建井时间较早，建设标准不高，装备单机自动化水平低，暂不具备智能化改造条件，制约着煤矿智能化建设进度。

措施建议：国家层面，在传统矿井改扩建、产能核定等方面予以政策支持；行业层面，打造传统矿井智能化改造标杆示范煤矿；企业层面，结合矿井生产实际，优化生产系统设计改造，配套加强信息基础建设，加大自动化、智能化系统应用力度，实现煤矿智能化建设的均衡发展。

② 部分技术突破困难大，建设周期长。井工煤矿掘进智能化、透明开采、灾害预警，露天煤矿无人驾驶等关键技术不成熟；采煤、掘进、采剥、运输等智能化装备运行不可靠；露天煤矿精准感知已基本实现，井工煤矿受环境限制，部分系统暂达不到精

准感知要求；大量智能化项目同步建设，存在建设周期长的问题。

措施建议：国家层面，加大协作力度，加大煤矿智能化建设与研发力度，以重大科研项目的方式突破技术难题；行业层面，强化协同创新，充分发挥各创新体作用，突破关键核心技术；企业层面，整合内部研发力量，成立煤矿智能化技术研究中心，实现关键核心技术自主可控。

③ 两化深度融合不到位，缺乏复合型人才。建设单位和承建单位均缺少既懂煤矿业务又精通智能化技术的复合型人才，煤矿智能化建设涉及专业众多，跨专业设计实施相对困难，缺乏整体性。

措施建议：国家层面，从政策上强化煤矿智能化建设机构及人员要求；行业层面，加大煤矿智能化建设标准规范的建设力度，进一步加强标准规范宣贯，强化知识转移；企业层面，举办煤矿智能化建设高级研修班，开展现场维护人员运维技能培训，探索创新校企联合精准培养模式。

④ 部分煤矿资金投入困难，建设进度滞后。部分公司煤矿智能化改造实施方案已编制完成，但是由于预算较高，资金紧缺，存在项目暂缓实施，建设进度滞后的问题。

措施建议：国家层面，加大中央预算煤矿智能化改造资金投入力度；行业层面，完善煤矿智能化建设定额标准体系，提高资金预算准确性；企业层面，进一步加大资金保障，给予资金投入困难煤矿无息贷款，专款专用，开展煤矿智能化建设。

（2）拓展发展线，力争达到智慧矿山建设的先进水平

① 加大智慧矿山建设的技术创新突破

智能矿山建设应以统一的数据标准、统一平台、统一基础设施规范、统一网络安全为基础，全面实现矿山技术、生产、安全、装备、管理全作业链智能化。从设备、管理体系与制度以及工艺系统出发，综合利用自动化、信息化、智能化等技术手段，进行设备的智能化改造、相关软硬件系统的研发以及工艺系统的优化，以数据标准和流程规范为基础，建设矿山数据中心和协同平台，通过该平台实现采矿生产管理系统、自动化集成系统、安全标准化管理系统、资源可视化管理系统、设备物资管理系统、基于矿石流平衡的智能协同与优化管控系统以及智能决策系统之间的数据共享、信息互通，实现地、测、采、运、选等过程及业务流程协同，最终达到绿色智能的目的。具体对策建议如下：

注重矿山生产过程大数据中心的建立。智能矿山建设技术的进步与提升需要积累大量的原始工艺参数数据来支撑，并且山西省矿山的条件都有其独特性，只有建立良好的生产工艺参数大数据平台才能在矿山条件变化与生产操作间发生偏离时，作出及时的预测与调整。利用各种智能化方法和统计手段对这些大数据平台进行挖掘、分析，将数据转换成可利用的控制知识、控制策略和预测模型等。同时也可将生产工艺、采选设备等重要参数融入大数据平台，为生产工艺设计、生产设备选型等提供指导。

重视智能优化控制软件及算法的开发。开发适应山西省矿山现状的控制理论、控制方法、数学建模方法、仿真技术、预测控制模型、智能优化控制软件、测量技术等将是今后一个时期的重点研究和发展方向。

注重符合企业实际的技术创新。山西省矿山智能化技术研究起步晚，但是发展速度快。这离不开本土企业的努力研发与创新，同时也大量借鉴了国外先进技术。山西省智能矿山技术的发展主要措施仍以自主研发创新为主，同时注重借鉴国外先进的成功技术经验，做好引进消化吸收创新工作。

② 推动智慧矿山建设的三化融合

突出智能化，推动智能矿山建设，实施产业基础再造和产业链提升工程，运用大数据、物联网、人工智能等新一代信息技术，提高自主创新和集成创新能力。煤化工要坚持高端多元低碳发展方向，整合省内科研资源，开展关键核心技术集成攻关，加快向高端碳基新材料升级拓展，建设国家级研发制造基地。突出绿色化，推动煤炭产业降能耗、提能效，坚决遏制“两高”项目盲目发展，严格落实能耗双控行动方案，坚持“上大压小、产能置换、淘汰落后、先立后破”，加大节能降耗技术改造，能效水平要全面达到全国平均水平以上。突出服务化，推动煤炭产业与现代服务业相互促进。支持煤电行业向绿色低碳综合能源服务商转变，推动生产性服务业由服务制造环节向上下游延伸，形成全产业链条。

③ 加大智慧矿山建设的政策扶持力度

2020 年 3 月，国家发展改革委、国家能源局、应急管理部等八部门联合印发的《关于加快煤矿智能化发展的指导意见》提出，到 2025 年，大型煤矿和灾害严重煤矿基本实现智能化。

2020 年 11 月，中国煤炭工业协会发布的《煤炭工业“十四五”高质量发展指导意见(征求意见稿)》提出，争取到“十四五”末期，全国建成智能化生产煤矿 1 000 座以上。

2020 年 5 月，山西省发展改革委、山西省能源局、山西省应急管理厅等八部门联合印发了《关于印发〈关于加快煤矿智能化发展的指导意见〉的通知》，决议加快煤矿智能化建设改造，将人工智能、5G、大数据技术引入煤矿智能化建设，推动煤矿装备向智能化、高端化发展。2020—2022 年推动 10 座智能化示范煤矿和 50 个智能化综采示范工作面建设；2025 年全省大型煤矿、灾害严重煤矿及其他具备条件煤矿基本实现智能化；2030 年各类煤矿基本实现智能化。

政策支持建议：在国有煤炭企业经营业绩考核中，将智能化建设投入视同利润；煤监部门将煤矿智能化技术和装备纳入安全改造先进适用技术装备遴选范围；科技部门支持煤矿智能化领域企业申报高新技术企业；能源部门优先释放符合智能化矿井条件的先进产能，优先支持智能化示范矿井产能置换、矿井产能核增；发改部门优先审批或核准按智能化标准建设的新建矿井；对煤矿企业新建的国家级、省级科技创新平台，按政策给予支持。

2. 推进智能煤机制造工作举措和路径设计

山西省已经形成了较为完备的智能煤机装备制造规模体系和巨大的生产能力，形成了以“三机一架”、提升设备、分选设备、煤化工设备、辅助运输设备、矿井安全设备为主体，制造与研发并举的产业体系，主导产品在行业中具有较高的市场知名度和市场认可度。部分产品质量稳定、可靠性高，在国内采煤机行业中具有领头羊地位，煤机产品总体规格齐全，生产规模和销售规模全国领先。据统计，目前全国拥有煤安证的煤矿机电设备类生产企业共 2 247 家，其中山西省就有 314 家，占比 13.97%。山西省 314 家煤机装备制造企业，规模以上企业有 79 家，企业性质主要是国企和民营企业。骨干企业主要有天地煤机、太重煤机、山西煤机、平阳煤机、阳煤华越、晋煤金鼎、潞安机械、汾西矿业、向明智装、山西新富升等。根据最新煤炭工业机械制造年报统计，以煤炭机械制造企业煤机产品销售收入为标准，排出的中国煤炭机械工业 50 强企业中，山西煤机企业有 11 家，数量占比 22%。50 强企业销售收入为 760.78 亿元，山西 11 家企业销售收入为 153.24 亿元，占比达到 20.14%。

（1）守住生存线，筑牢智能煤机发展根基

① 产业规模较小。相较发达省份，山西省智能煤机装备产业规模依然偏小、行业集中度低、整体关联度不高、龙头企业带动性不强，难以形成专业化协作体系。如煤炭集团下属煤机企业生产销售各自独立，成本高，与发达地区采取的纵横联合、优势互补的发展模式还有差距。

措施建议：山西省智能煤机装备产业仍需加大力度推进行业集中度的提升，增强龙头企业的话语权和带动性，充分发挥山西省智能煤机装备产业技术联盟的协同作用，锻造专业化的协作体系，降低销售成本，探索学习发达地区的发展模式，走出山西智能煤机发展之路。

② 创新能力不足。创新体系不够完善，产学研协同创新能力不足，企业与高校、科研院所联系薄弱，科技转换能力不高。部分企业重生产轻研发，在技术创新方面投入较少。科技成果转化率、收益率较低，难以助推生产力的快速发展。专业技术人才不足，尤其是高层次创新型人才严重匮乏，人才队伍整体素质有待提高。

措施建议：充分发挥山西省智能煤机装备产业技术联盟的聚力汇智作用，着力构建高端化、智能化、成套化煤机装备“产-学-研-用”创新体系和上下协同发展的产业链条。落实《山西省“十四五”新装备规划》中提出的重点打造晋中、晋东南、晋北三大煤机制造产业集群，促进煤机产业集聚式发展，打造优势煤机智能制造装备产业集群创新生态体系。

③ 缺乏核心竞争力。拥有自主知识产权和自主品牌的技术和产品少，高端主机和成套设备所需的关键零部件、元器件和配套设备仍需大量引进，对外依存度高，缺乏核心竞争优势。如在煤岩识别、惯性导航、井下无人驾驶、煤矿机器人等智能技术

方面较为薄弱。

措施建议:政府可出台支持举措加强自主知识产权技术和产品研发的扶持力度,加强产学研用链条的成果产出,加强中试基地建设,强化应用导向,借助数字化技术加快智能产品研发,增强高端主机和成套设备所需的关键零部件、元器件和配套设备的核心竞争力。

④ 配套服务业发展滞后。产业发展过度依赖单机、实物量的增长,企业为用户提供系统设计、系统成套、运维服务、回收再制造等服务发展滞后,绝大多数企业的服务收入所占比例低于10%,处于价值链低端的加工装配环节。

措施建议:提升智能煤机服务化水平,拓展新的服务模式,扩展企业服务收入,提高企业系统设计能力,加强煤机装备售后的运维服务,增强用户黏性。政府可加大对配套服务业的政策扶持力度。

(2) 拓展发展线,力争达到智能煤机产品的先进水平

① 加强智能煤机产品的技术创新突破

以山西省智能煤矿建设为契机,以产业集聚为基础,以智能化发展为方向,依托山西省智能煤机装备产业技术联盟,以实现矿山生产智能化、无人化、环境和谐、高效掘采为目标,强调各学科优势互补,加强硬件平台建设,完善优化产业链条,不断增强创新实力,在透明矿井、5G通信、井下定位与导航、煤矿机器人、矿山工业互联网、无人驾驶等领域取得重大技术突破。重点建设晋中、晋东南、晋北三大智能煤机装备产业集群。着力培育晋城煤层气抽采装备产业集群,构建智能煤机创新生态,持续扩大产业规模,推动山西省煤矿和煤机装备智能化联动协同发展。将山西省打造成全国规模最大、链条完整、技术领先的智能煤机装备基地,助力打造能源革命"排头兵"。

推进重点实验室和工程(研究)中心建设,支持煤矿智能化技术创新研发平台建设,加强对核心基础零部件、先进基础工艺、关键基础材料等共性关键技术的研发;重点突破精准地质探测、精确定位与数据高效连续传输、智能快速掘进、复杂条件智能综采、连续化辅助运输、露天开采无人化连续作业、重大危险源智能感知与预警、煤矿机器人及井下数码电子雷管等技术与装备。加快智能工厂和数字化车间建设,推进大型煤机装备、煤矿机器人研发及产业化应用,实施机械化换人、自动化减人专项行动,提高智能装备的成套化和国产化水平。

② 推动智能煤机制造的三化融合

突出智能化,实施产业基础再造和产业链提升工程,运用大数据、物联网、人工智能等新一代信息技术,提高自主创新和集成创新能力。坚持高端多元低碳发展方向,整合省内科研资源,开展关键核心技术集成攻关,加快向高端智能煤机产品升级拓展。突出绿色化,推动智能煤机生产制造的降能耗、提能效,严格执行能耗双控指标,加大节能降耗技术改造,能效水平要全面达到全国平均水平以上。突出服务化,推动智能煤机制造的系统设计、系统成套、运维服务、回收再制造等服务的发展,提升服务

水平，扩展服务收入。

③ 加大智能煤机制造产业的政策支持力度

为推动工业企业数字化、网络化、智能化转型发展，全面推动智能制造，对认定为国家智能制造标杆企业、省级智能制造标杆企业、省级智能制造示范企业的应给予相应的补助奖励。加大资金支持煤机智能制造装备产业集群技术改造项目建设力度及技术攻关项目，加强金融服务配套支持政策，鼓励创新型领军企业上市。

3. 推进煤炭绿色化开采工作举措与路径设计

绿色开采从生态环境保护和可持续发展角度出发，将绿色发展理念贯穿至煤炭生产和消费的全过程，尤其是在煤炭生产过程中采用绿色开采技术，提高煤炭资源的开采效率。推进煤炭安全绿色开发和清洁高效利用，是煤炭工业可持续发展的必由之路，是改善民生和建设生态文明的必然要求。煤炭作为我国能源体系的重要组成部分，在未来相当长时期内，其作为主体能源的地位不会变化。实现煤炭工业绿色发展，提高煤炭资源绿色化开采水平是亟待解决的重大能源问题。

(1) 守住生存线，筑牢煤炭绿色化开采的根基

① 基础建设薄弱。目前，我国煤矿智能化绿色化开采发展尚处于初级阶段，存在相关基础理论薄弱、核心关键技术瓶颈尚未取得突破、技术与装备研发滞后于企业发展需求、研发平台不健全、高端煤矿智能化人才匮乏等问题，制约了煤矿智能化绿色化的发展。

措施建议：需结合行业应用需求进一步加大新技术及相关人才引入力度。在智能工作面、快速掘进、矿用卡车无人驾驶、矿用机器人、智能一体化应用平台等方面加强科技研发投入，加快产业智能化绿色化发展进程。

② 创新能力不足。智能化绿色化开采打破了传统的煤炭开采方式，需要颠覆性创新和技术变革的尝试，可能出现与现行的规范、标准不相符的现象，缺少煤矿智能化绿色化开采相关技术标准与规范。

措施建议：政府安全监管、能源、市场监督等部门适时调整修正管理规定和规程，在确保安全的前提下，允许企业改革创新，进行大胆的技术革新和探索，为创新发展保驾护航，并及时修订、完善智能化绿色化开采相关技术标准与规范。

③ 智能化绿色化转型应用少。新一代信息技术在煤炭行业的转化率较低，云计算、大数据、物联网、移动互联、虚拟现实、无人驾驶、人工智能等新一代信息技术发展日趋成熟，但在煤炭领域应用较少。

措施建议：选择机械化、自动化、智能化和智慧化开采技术与工艺，结合新一代信息技术，实现少人或无人开采，大力提高采区回采率和工作面回采率，加强矿区塌陷地复垦治理及生态环境保护工作。

(2) 拓展发展线，力争达到煤炭绿色化开采的先进水平

目前，煤矿开采中应用的固体充填开采、保水开采、煤炭气化开采以及煤与瓦斯

共采等技术是煤炭绿色开采技术的核心，这些技术的应用在现阶段有效解决了粗放式采煤过程中所造成的环境污染、水资源破坏和地表沉降等问题。但是，由于采煤的不断深入，岩层移动规律、围岩环境、地应力的变化更为复杂，需要更为完善的理论研究作为支撑，优化开采工艺，进一步降低开采风险，提高回采率，开拓经济效益和生态效益的共赢局面。

① 推动煤炭绿色化开采技术创新

一是加大新技术、新工艺、新设备、新材料应用和科技成果转化力度，鼓励采用高新技术和先进适用技术发展综合机械化采煤技术，推行壁式采煤，建设高产高效矿井。二是优化矿井开拓和采区巷道布置设计，实施井巷支护新技术，应用推广全煤巷和小煤柱采掘技术；加大无煤柱开采和井下矸石充填的科技研发和应用。三是加大采煤方法改革和薄煤层开采力度，鼓励发展薄煤层机械化开采、充填开采、“三下一上”采煤、边角煤回收等提高资源回收率的采煤技术，为全面提高煤炭资源回收率夯实基础。

a. 充填开采技术

充填开采技术是指采煤与充填同时进行，将矸石、膏体、高水材料等充填材料不断填充至采煤工作面后方采空区的技术。

技术优势：充填开采技术能够有效控制岩层移动和地表沉陷，是绿色开采技术的主要构成部分。

b. 煤气化开采技术

煤气化开采技术是指将煤炭在地下的气化通道中进行氧化还原和热解反应，将所产生的甲烷、氢气等气体抽采输送至地面的技术。要实现煤炭地下气化安全，需要考虑合适的地质条件，煤层的厚度、深度以及倾角。

技术优势：煤气化开采技术能够有效控制气化热值和热效率，从而提升开采经济效益。

c. 保水采煤技术

保水采煤技术是指在干旱、半干旱地区的煤层开采中，通过控制岩层移动，维持含水层的结构稳定，寻求煤炭开采量与水资源承载力之间最佳关系的煤炭开采新技术。

技术优势：保水采煤需要控制采煤区岩层移动量和顶底板裂缝发育，保持含水层结构的稳定性和生态水位的稳定性。

d. 煤与瓦斯共采技术

瓦斯（煤层气）现已被认为是可供使用的新能源。但由于易燃易爆的特性，瓦斯在开采过程中存在较为严重的安全隐患。目前，瓦斯已经成为煤炭开采过程中的关注焦点。先开采瓦斯含量相对较低的薄煤层，造成上下岩层移动，膨胀卸压，从而增加煤层透气性，使得相邻煤层的瓦斯解吸为游离瓦斯，再通过预先布置的巷道和钻孔抽采到地面。这样，就实现了煤与瓦斯共采。

技术优势：煤与瓦斯共采，煤层得以在低瓦斯状态下安全开采，抽采到地面的瓦斯通过地面永久抽采系统进行综合利用，实现低碳经济。

② 推动煤炭绿色开采三化融合发展

通过智能化开采技术与装备的创新研发，突破关键技术，引导企业在薄和较薄煤层智能化综采，以及特厚煤层综放开采智能化技术与装备上进行升级改造。

③ 完善煤炭绿色开采相关政策

充分借助建设国家资源型经济转型综合配套改革试验区、深化能源革命综合改革试点历史机遇，从思想理念和体制机制入手，探索建立新型高效的煤炭资源市场配置机制和高效资源管理机制。主要包括：

妥善处理好政府和市场的关系，加快推进资源性产品价格改革，完善反映市场供求关系、资源稀缺程度、环境损害成本的生产要素和资源价格形成机制，从体制机制上理清政府和市场的边界，发挥市场在资源配置中的决定性作用和政府的宏观调控作用，解决资源高效配置存在的难题。

树立资源绿色开发利用的新型价值观，优先在资源环境重点保护地区探索建立资源环境资产负债表，将其试点纳入领导干部离任审计和目标责任考核工作体系。

加强国内外交流合作的广度和深度，积极借鉴国际成功经验和做法，探索资源节约集约利用和高效管理的新模式，为经济社会可持续发展提供优质的资源基础保障。

4. 推进煤炭资源智能低碳分选与利用工作举措与路径设计

煤炭资源智能低碳分选技术作为洁净煤技术的首要环节，为洁净煤利用提供了前提和保障，具有无可比拟的重要性。加大选煤技术的研究深度和新技术的开发力度对促进煤炭产品转型升级、提质增效、实现煤炭清洁高效利用具有重大现实意义。智能干式煤炭分选技术具有可克服缺水、严寒、煤炭易泥化等不适合传统湿法选矿环境的特征，可减少对环境的影响，是一种更加绿色的选矿方法，目前该技术尚处于发展阶段。

(1) 守住生存线，筑牢煤炭资源智能低碳分选与利用发展根基

① 自动化控制水平低。分选煤自动化和信息化由于技术本身或人为限制相对落后。跳汰机尚未实现复杂工况下的全自动控制，重介粉添加、浓介制备环节有的仍是手动操作。浮选环节自动化进展缓慢，压滤生产环节等尚未实现全车间闭环自动控制。

措施建议：建立智能化技术体系。基于大数据分析和人工智能决策的选煤在线精准感知技术、选煤生产智能决策系统、选煤设备智能诊断与管理技术、选煤生产过程智能控制技术，形成大型选煤厂智能化技术体系。以4G专网为数据传输通道的设备监测监控平台，依托数据分析模型的选煤设备智能诊断管理系统，可实现设备状态的实时监测、在线分析、故障诊断和全生命周期的智能管理，选煤厂由区域巡视向无

人值守转变、调度室由集中控制向移动控制转变、生产系统各类数据由人工采集向系统自动采集转变、运行状态由经验分析向大数据智能分析转变。

② 数字化水平低。发展数字化是智慧化的基础，我国部分煤炭分选企业对数据的利用率不足。例如，大部分企业都有视频监控系统，但视频信息收集、筛选和分析仍需要人为操作完成，因此需建成智能化分选系统。

措施建议：建设数字孪生分选煤管控平台。通过建设数字孪生分选煤管控平台，搭建选煤厂三维虚拟模型，实现对现实分选煤数据“采集—管理—分析—控制”的目的，评估分选煤工艺流程及设备健康状况，并对其进行优化控制。数字孪生分选煤管控平台是智能化选煤整体框架中的应用层，是选煤与底层智能设备、中间过程控制、上层决策管理的载体，可以基于不同的需求，逐步由厂级、矿级、局级不断叠加，构建选煤专业大数据系统，实现多维度全方位大数据汇集和无间隙融合共享。

(2) 拓展发展线，力争达到煤炭资源智能低碳分选与利用先进水平

① 推动煤炭资源智能低碳分选与利用技术创新

选煤厂设计可以采用BIM(建筑信息模型)技术。该技术不仅利用三维设计进行错漏碰撞检查，对目前的二维设计习惯也将进行颠覆，大家均在一个大平台上协同工作，最终完成三维数字化交付。设计成果可以指导施工和今后的运营，可使产品生命周期延长且意义深远。同时，数字化交付中的网络安全也是应该考虑的内容。另外，要做到事前模拟，(煤流、介质、煤泥水、加药、供风等)动态调整，提前优化，使之更好地符合实际生产现状。

推动核心分选工艺的智能化发展。分选精度是影响选煤厂经济效益的关键因子，加快突破重选、浮选等核心分选工艺智能化关键技术是重中之重，在必要的硬件基础上，需要投入大量的人力物力去研发，包括科研、设计、设备制造、生产管理等人员。

② 推动煤炭资源智能低碳分选与利用融合发展

重点发展全系统装配式钢结构选煤厂。智能化选煤厂设计与建设，将朝着工艺系统简洁，设备大型化，用人少，建设速度快，质量好，复用率高等方向发展。“全系统”装配式钢结构选煤厂将是未来智能化选煤厂设计与建设的主要发展方向。对设计而言，可要求设备制造商提供含有技术信息且统一软件格式的三维电子版图纸，以便于直接采用。设备的健康管理是智能化选煤厂设计的重要内容。

③ 完善煤炭资源智能低碳分选与利用相关政策

培育优质标杆企业，成立设备质量“认证机构”。煤炭分选加工行业设备迫切需要普遍认同的质量“认证机构”，可以由选煤协会作为牵头单位，对设备质量进行定期评级，从“A”到“5A”，给生产商设备贴上“商标”，推动选煤行业设备做强做优，质价相符，良性发展。

完善产业政策，建立健全标准体系。《煤炭洗选工程设计规范》可增加选煤厂智

能化的内容，甚至像矿井一样，单独编制选煤厂智能化方面的设计标准。尤其是应借助智能化的“东风”，参考电力、化工行业，全面修订提高选煤厂设计标准。建设单位(业主)等应从思想上、行动上支持煤炭分选加工行业的此次变革，推动全行业向智能化、低碳化、绿色化方向发展。

5. 煤层气高效开采存在主要问题与路径设计

山西省煤层气装备制造业基础雄厚，已经形成了煤层气勘探、钻井、开采、运输的全产业链。2020 年全省煤层气产量 81.46 亿立方米，较“十二五”末翻了一番。2021 年太原能源低碳发展论坛数据显示，山西省已探明煤层气地质储量 1.06 万亿立方米，约占全国的 89.83%。

(1) 守住生存线，筑牢煤层气发展根基

① 钻井成本偏高。煤层气开采的成本构成中，钻井所消耗的费用几乎占用了煤层气开采成本的 1/2。煤层气开采一般有地面钻井开采和井下瓦斯抽采两种方式。相较天然气，煤层气的开采成本较高，一般在前期开采阶段及实现规模化生产前，开采成本约为 1.2～1.7 元/立方米，随着产能的达产和规模化出产，开采成本可降至 0.5～1 元/立方米。受地质条件、开采技术、管理水平等因素的影响，企业间的生产成本差异较大。

措施建议：基于煤层气生产特征，探索煤层气开发向产业化、商业化发展降低钻井成本的主要技术方法。为了有效降低钻井成本，要保证钻井的效果，提升钻井的质量。虽然平衡钻井技术的优点诸多，但是选择钻井液还需要进一步研究和分析。为鼓励煤层气的开采，政府需加大财政补贴，同时，实行增值税先征后退、进口设备关税税率优惠和煤层气抽采设备加速折旧等一系列税收优惠政策。

② 垂直井技术的局限性。我国的自然地理条件复杂，在进行煤层气的开采时面临着垂直井技术不满足实际需求的状况。采用裸眼洞穴完井技术的优势在于应用效果好、成本低，但是该技术更适合西方国家，与我国的煤层气分布与开采现状不适应。裸眼洞穴完井技术适合应用在煤层渗透率高、地应力小、顶底板稳定、煤储层强度大等区域，否则洞穴容易塌陷，从而导致煤层气的运移通道堵塞，继而导致煤层气运输的风险加大，不利于对煤层气后期的运营进行管理和维护。

措施建议：完善垂直井技术的创新链建设，加大技术联合攻关突破；结合地区特色对先进技术加以引进吸收；加大政策扶持力度，对技术突破给予相应的奖励。

③ 水力压裂技术存在一定的局限性。在煤层气开采的过程中，水力压裂技术是常见的技术，因为煤自身的质感偏软，因此将支撑剂嵌入煤中，可以减小孔隙闭合的概率。但是如果是遇水膨胀的煤层，则煤层容易在水力压裂以后出现渗透率下降等问题。在我国的多数地区，煤层的特性是含水量比较少，压裂液的排放率较低，容易污染煤层。在排采过程中，如果无法对煤层排采过程进行控制，则会造成煤层的压力增大，不利于提升产气速度。在煤层开采过程中，还容易产生大量污水，如果污水处

理不当,则会对区域的自然生态环境造成影响。目前,应用水力压裂技术的机械设备大多需要从国外进口,因此成本较为高昂。

措施建议:根据山西省煤层特点加强水力压裂技术研究,加大产业链联合技术攻关,减少煤层污染,加强煤层排采控制,提升产气速度。制定政策对煤层开采中的污水处理进行规范,提升绿色化水平。加强水力压裂技术机械设备的自主研发力度,推动相关机械设备的国产化、智能化进程,有效降低设备成本。

④ 缺乏合理的煤层气开采方案。煤层气的成藏原理比较复杂,在不同开采区域,煤层气的存储状态是不同的。通常,采用固定的煤层气开采方案,选择同等的布井方式,无法对不同地质条件的煤层气进行开采。通过定性和定量分析煤储层的气体分布、含水状态、压力状态等,可以制定出与煤层气布井匹配度更高的开发方案。

措施建议:产业链应加大合作,加强对煤储层特性的研究,应用大数据等新一代信息技术对其进行定性、定量分析,制定定制化的煤层气布井开发方案,提升匹配度和数字化水平。加大扶持力度,加强专项课题的研究。

(2) 拓展发展线,力争达到煤层气高效开采的先进水平

① 加强煤层气开采的技术创新

强化煤层气勘探开采理论研究。煤层气与常规的油气、固体煤等不同,煤层气以气源和储层同层的煤层吸附气体为主。煤矿勘探的重点在于寻找盆地边缘浅煤层、低瓦斯突出区和无水区,开采深度超过 600 米。这种方法找到的煤层气含量较低,主要以游离气为主,瞬时的产量比较高。常规的油气勘探重点是找到构造比较浅的点以及无水区域,该种方法找到的煤气层存在含水量低的问题,煤气层开采效率较低。从我国煤层气井的现状来看,超过一半的煤层气井属于乱打井占地盘,因此勘探开采的效果不理想。为提高煤层气勘探和开采的效率,要选准煤层气勘探与开采的目标。

深化煤层选区的评价研究。在进行煤层气勘探时要确定好勘探的思路与方案。国外煤层气勘探在大区评价上主要是对勘探区域的地形、地质条件以及资源量等因素进行调查。在目标评价方面,主要是对煤层埋深、渗透率、构造条件等进行分析。结合我国煤层气分布的特点,对全国进行大区的评价以后发现,我国煤层气勘探的重点区域位于华南、华北等地区,且华北地区的煤层气勘探面积较大。为提高煤层气的开采效率,要深化煤层气选区的评价机制,重点勘探开采有利的区域。

创新升级已有技术或者开发全新技术。我国的煤层气开采技术水平还需要进一步提升。通过对当前已有开采技术进行改良,得到适合我国煤层气开采的有效技术。为此我国要加强煤层气开采技术的创新,结合我国煤层气分布与开采的现状,探究提升煤层气开采效率的有效方法。在新技术的引进上要结合煤层气开采的特点与实际情况,同时国内还应加强新技术的研发力度,结合地理情况来开采煤层气,继而降低煤层气的开采成本,提升开采效率。

② 推动煤层气开采的三化融合

突出智能化，实施煤层气产业基础再造和产业链提升工程，运用大数据、物联网、人工智能等新一代信息技术，提高自主创新和集成创新能力。坚持高端多元低碳发展方向，整合省内科研资源，开展关键核心技术集成攻关，提升煤层气开采的智能化水平。突出绿色化，推动煤层气开采降能耗、提能效，严格执行能耗双控指标，加大节能降耗技术改造，能效水平要全面达到全国平均水平以上。突出服务化，推动煤层气装备制造的系统设计、系统成套、运维服务、回收再制造等服务的发展，提升服务水平，扩展服务收入。

2021 年 12 月 20 日，晋能控股装备制造集团天和众邦山西能源技术有限公司正式揭牌，标志着山西省首个大型地面煤层气高端钻机项目建成投产，填补了山西省煤层气装备制造产业链的空白。晋能控股装备制造集团将依托本企业千米定向钻机、瓦斯发电装备、大型地面高端钻机制造优势，结合与中天启明石油技术有限公司合作研发的随钻测量系统，共同形成煤层气井上井下抽采、利用的立体化、全流程解决方案，打造煤层气装备“制造＋服务”全产业链。同时，将依托煤炭行业首个人工智能化计算中心，构建智能化钻机数据采集与测试平台，为“地质透明”提供测量技术，实现煤炭开采、煤层气抽采以及新能源开采的“数据透明”。

③ 加大煤层气开采的政策扶持力度

2020 年 3 月以来，山西省委省政府密集研究了能源革命综合改革试点工作，煤层气方面已经审议和将要出台的制度主要有：山西省煤成气增储上产三年行动计划、煤层气勘查开采项目审批流程、煤炭采空区（废弃矿井）煤层气抽采安全规程、煤成气增储上产奖励办法、支持晋城市先行先试有关事项。由此，以能源革命综合改革试点实施方案为统领，以《山西省煤层气勘查开采管理办法》（以下简称《办法》）为主轴的“1＋N”煤层气制度创新体系即将形成。

贯彻实施《办法》，自然资源部门和油气企业虽然职责不同、分工不同，但都是主力军。深化审批改革，加强要素保障，自然资源部门（包括林草局）肩负重任；加快增储上产、保护矿区生态，油气企业是责任主体，要做出成绩，必须紧密合作。

贯彻实施《办法》，对自然资源部门而言，更多的是简政放权、优化服务，把该放的权力真正放出去、该办的事项及时办结、该精减的事项和要件切实砍掉、该提醒企业注意的及时提醒到；对油气企业而言，更多的是扩大自主权、控制好风险，把需要自主决定的权力行使好、需要履行的义务及时做到位、需要政府职能部门明确的主动提出来、需要救济的依法主张权利；两家的共同任务是按照规定，落实放管结合，坚决守住底线。大家都要认真履职尽责，做到不越位、不缺位、不错位，确保政策用好、用足，为产业发展做出新贡献。山西煤炭产业高质量发展路径见表 4-1。

表 4-1 山西煤炭产业高质量发展路径

产业类别		发展优势	主要问题	高质量发展路径
煤炭产业	智慧矿山	探明储量大、服务年限长。煤种齐全，煤质优良，应用前景广阔。主体地位依然存在。建立了长期稳定市场供求关系。地理位置、交通运输等仍具有客观优势	部分煤矿基础薄弱，建设难度大。部分技术突破困难大，建设周期长。两化深度融合不到位，缺乏复合型人才。部分煤矿资金投入困难，建设进度滞后	加大智慧矿山建设的技术创新突破，智慧矿山建设应以统一的数据标准、统一平台、统一基础设施规范、统一网络安全为基础，全面实现矿山技术、生产、安全、装备、管理全作业链智能化。推动智慧矿山智能化、服务化、绿色化三化融合发展。加大智慧矿山建设的政策扶持力度
	智能煤机		产业规模较小，行业集中度低、整体关联度不高、龙头企业带动性不强。创新体系不够完善，产学研协同创新能力不足，企业与高校、科研院所联系薄弱，科技转换能力不高。拥有自主知识产权和自主品牌的技术和产品少，高端主机和成套设备所需的关键零部件、元器件和配套设备仍需大量引进。配套服务业发展滞后	以产业集聚为基础，以智能化发展为方向，完善优化产业链条，不断增强创新实力，加强对核心基础零部件、先进基础工艺、关键基础材料等共性关键技术的研发，加快智能工厂和数字化车间建设。推动智能煤机制造的三化融合发展。加大智能煤机制造产业的政策支持力度
	煤炭绿色化		煤炭智能化绿色开采发展尚处于初级阶段，基础建设薄弱。创新能力不足，缺少煤矿智能化绿色开采相关技术标准与规范。新一代信息技术在煤炭行业的转化率较低	推动煤炭绿色化开采技术创新，包括煤炭充填开采技术、煤气化开采技术、保水采煤技术、煤与瓦斯共采技术等。推动煤炭绿色开采三化融合发展。完善煤炭绿色开采相关政策
	煤炭资源智能低碳分选与利用		分选煤自动化和信息化由于技术本身或人为限制相对落后。煤炭分选企业对数据的利用率不足	推动技术创新，采用 BIM 技术。推动核心分选工艺的智能化发展。重点发展全系统装配式钢结构选煤厂。培育优质标杆企业，成立设备质量“认证机构”。完善产业政策，建立健全标准体系
	煤层气		钻井成本偏高。面临着垂直井技术不满足实际需求的状况。水力压裂技术存在一定的局限性。缺乏合理的煤层气开采方案	强化煤层气勘探开采理论研究。深化煤层选区的评价研究。创新升级已有技术或者开发全新技术。推动煤层气开采的三化融合。加大煤层气开采的政策扶持力度

二、绿色电力产业高质量发展

（一）绿色电力产业高质量发展基础

山西省是能源大省，风、光等清洁能源蕴藏丰富，发展清洁能源优势突出。近年来，山西省持续加快新能源产业建设步伐。目前，山西风电、光伏发电装机容量分别排在全国第四位和第七位。

截至2021年11月底，山西全省发电装机容量达11 232.96万千瓦，其中，风电和太阳能等新能源装机容量3 482.30万千瓦，同比增长27.40%，占比31%。

2021年1—11月，在山西全省发电设备总体利用小时数完成3 205小时，同比减少21小时的情况下，风电仍然完成2 077小时，同比增加512小时，太阳能完成1 238小时，同比增加25小时。全省发电累计完成3 463.75亿千瓦·时，同比增长14.00%，其中，新能源累计完成584.66亿千瓦·时，占比16.88%，同比增长58.76%。新能源利用率保持在97%以上。

电力外送方面，2021年，国网山西省电力公司还持续加大外送电力度，1—11月，山西全省外送电量完成1 107.55亿千瓦·时，其中，上述公司累计完成456.16亿千瓦·时，同比增长0.97%。

（二）绿色电力产业生存优势和转型发展方向

1. 绿色电力产业生存优势

我国一次能源中煤炭主要用于电力和热力、钢铁、有色、化工等行业，其中，约50%煤炭用于火力发电。

山西拥有丰富的煤炭资源，山西创新电力交易机制，将煤炭优势转化成电力优势，对用电电压等级110千伏及以上的战略性新兴产业用户实行优惠电价交易。

2. 绿色电力产业转型发展机遇与方向

与世界先进水平比较，我国能源效率还有很大差距。目前，我国综合能源利用效率比发达国家低10个百分点。钢铁、有色、建材、化工等八大行业主要产品单位能耗平均比国外先进水平高40%；锅炉、电机、机动车等主要用能设备和建筑物普遍存在能效低的问题。初步测算，不考虑产业结构调整因素，仅通过改进技术装备，我国节能潜力就有26%以上，按年能源消费水平，可减少能源消耗4.36亿吨标准煤，相当于3亿吨石油。

目前，我国的煤电发展政策由“加快淘汰煤电”改为“加快削减未加装CCUS的煤电和取消低效的化石燃料补贴”。煤电行业低碳发展主要向深度调峰、低成本二氧化碳减排控制及发电全过程智能监测监控方向发展，大力推进节能技术及装备、烟气污染物脱除装备及智能监测技术的研发。

山西电力行业主要围绕热电灵活性调峰、节能、储能和智慧电厂、新型发电技术、烟气污染物脱除等布局。巩固电力外送基地国家定位，加快外送通道建设，提升跨区域配置电力资源能力。加快用能结构和方式变革，建立完善的有利于能源节约使用、绿色能源消费的制度体系，促进形成绿色生产生活方式。

3. 绿色电力产业转型升级的路径设计

(1) 守住生存线，筑牢绿色电力发展根基

① 供电煤耗高。山西平均供电煤耗318克标准煤/(千瓦·时)，高于全国平均值305.5克标准煤/(千瓦·时)。

措施建议:对供电煤耗在300克标准煤/(千瓦·时)以上的煤电机组,应加快创造条件实施节能改造,无法改造的机组逐步淘汰关停,并视情况将具备条件的转为应急备用电源。

② 供热期弃风弃光现象严重。2020年全国弃风电量为166.1亿千瓦·时,风电利用率为96.5%,同比提升0.5%;弃光电量为52.6亿千瓦·时,光伏发电利用率为98.0%,与2019年基本持平。四季度新能源新增装机容量较多,弃电率有所上升。风电新增装机容量为545万千瓦,弃风率为3.5%,同比增加1.7%;光伏新增装机容量为73万千瓦,弃光率为5.3%,同比增加5.0%。

措施建议:积极探索储能等灵活调节资源促进新能源消纳的新机制。试点开展虚拟电厂调峰等促进新能源消纳的新模式。山西省正式启动"新能源+电动汽车"智慧能源试点,旨在有效解决弃风弃光问题,降低电动汽车用电成本,促进低碳环保出行。

③ 综合能源多能互补性差。我国在能源方面的起步时间较短,尤其是对于供电基础设施的建设还需要进一步完善,应加强多能互补方面的建设力度。当前开展多能互补供电,对能源造成的浪费是比较严重的,不但无法体现出环保性的特点,经济效益也达不到预期效果。并且对于多能互补系统来说,节约能源和多能互补是核心要素,需要合理设计多能互补系统,才能充分利用资源,但山西省发电利用率不高,还需要进一步改进。

措施建议:根据不同的用能对象和能源资源条件,有机整合多种能源形式,充分展现出多能互补系统的供应安全性、灵活性。

(2) 拓展发展线,力争达到绿色电力发展的先进水平

① 加强绿色电力产业的技术创新突破

开发调峰技术。开发燃煤机组调峰新技术,增强热电调峰能力,无条件消纳新能源。山西煤电机组调峰减排CO_2约1.95亿吨。降低火力发电煤耗。节能提效减排CO_2。山西CFB发电煤耗降低8克/(千瓦·时),平均每年可减排CO_2约3 400万吨。增强多能互补性,延伸产业链条。建立包括燃煤机组、风光机组和储能系统的多能互补能源系统,调峰电制氢,燃煤固废制备道路建材,延伸电力产业链条,产业集聚集群发展。

在电力、热力领域,建设节能环保领域全国领先的3～5个关键技术示范工程,建设3～5个节能环保领域山西省工程技术研究中心及中试基地,建立3～5支科技创新重点团队。

a. 建设示范工程

布局焦炉煤气与燃煤烟气碳捕集利用制取合成液体燃料产业,建立600 MW级规模的示范工程。

燃煤机组热电解耦供热最大化适应性热调峰技术和深度电调峰关键技术及工程示范。打造全国最高效、最灵活、最清洁的燃煤热电解耦适应性调峰机组,建立山西省工程技术研究中心。

火力发电全过程节能监测监控关键技术工程示范。使火电机组供电煤耗下降6～10克/(千瓦·时)[不供热时供电煤耗<306克/(千瓦·时)],形成基于大数据分析的节能监测平台,布局智慧电厂。

CO_2低能耗捕集及合成制氢燃料关键技术及工程示范。基于金属氧化物的氧化还原反应,利用太阳能热化学循环分解H_2O和CO_2制备合成气并合成液体燃料,实现CO_2的高值化利用。建立全国第一座燃煤电厂CO_2低能耗捕集及合成制氢燃料示范工程,建设CO_2低能耗捕集及合成制氢燃料工程技术研究中心和中试基地。

b. 加大技术研发

低成本CO_2减排循环流化床锅炉技术研发。循环流化床锅炉具有低成本控制SO_2和NO_x的优点。山西省的循环流化床燃烧技术在国际上具有竞争优势,未来将根据循环流化床中温燃烧排渣的特点,研发一体化低成本大宗低热值固废碳酸化固定吸附CO_2新技术,引领世界最先进的低碳循环流化床锅炉技术。

基于富氧燃烧的超临界二氧化碳布雷顿循环发电及碳捕集技术研发。超临界二氧化碳布雷顿循环是一种高效的闭式发电循环,是目前公认的可以用于核电、煤电和光热发电的先进高效发电循环之一,备受国内外学者的关注。相对传统的蒸汽朗肯循环,在同样的透平入口温度的条件下,采用超临界二氧化碳布雷顿循环可以获得更高的发电效率。

c. 建立分布式供能系统

基于低浓度煤层气难以安全、长距离输送的问题,开发基于煤层气、矿井乏风、矿井排水等多种余热资源的高效分布式供能系统,电、热、冷联产,实现煤矿高碳行业低碳发展。

开发基于生物质能、风能和天然气的多能互补分布式供能系统,实现农村、产业园区等局部区域的绿色高效电、热、冷联供。

围绕烟气污染物低成本高效低温脱除、余热深度利用、生物质能利用及智慧电厂建设等,为解决电力和热力资源保障、能源结构调整、污染排放、利用效率、应急调峰能力等方面的重大问题,开发关键技术及装备,提供技术手段和解决方案,形成一批具有自主知识产权的原始创新和集成创新技术,引领行业技术进步和产业优化升级。

② 推动绿色电力产业三化融合发展

推动绿色电力智能化建设,实施产业基础再造和产业链提升工程,运用大数据、物联网、人工智能等新一代信息技术,提高自主创新和集成创新能力。突出绿色化,推动电力产业降能耗、提能效,坚决遏制“两高”项目盲目发展,严格落实能耗双控行动方案,坚持“上大压小、产能置换、淘汰落后、先立后破”,加大节能降耗技术改造,能效水平要全面达到全国平均水平以上。突出服务化,推动电力产业与现代服务业相互促进。支持煤电行业向绿色低碳综合能源服务商转变,推动生产性服务业由服务制造环节向上下游延伸,形成全产业链条。鼓励企业开展绿色供应链制造服务体系创建。要着眼在补链、延链、提链、强链开发生产中，灌注绿色供应链理念，加强供应链上下游企业间绿色协调与协作，实现资源利用高效化、环境影响最小化。推进电力企业开展资源综合利用，实现绿色共赢。

③ 完善绿色电力产业发展相关政策

国家发展改革委、国家能源局印发《全国煤电机组改造升级实施方案》，方案称，我国力争实现 2030 年前碳达峰和努力争取 2060 年前碳中和的目标，对优化能源结构和煤炭清洁高效利用提出了更高要求。对供电煤耗在 300 克标准煤/(千瓦・时)以上的煤电机组，“十四五”期间改造规模不低于 3.5 亿千瓦。

风光水气火储等不同类型电源具有多时空互补的特点，我国在《电力发展“十三五”规划》中明确指出，多能互补是提高可再生能源消纳能力的重要手段。现阶段多能互补的研究以提高可再生能源消纳能力为目标，利用不同能源资源在能量/功率上的时空互补特性，通过多能源电力系统的协调规划、调度与控制，提高电力系统运行灵活性，提升可再生能源消纳空间，为可再生能源持续健康发展探索新的途径。

《山西省国民经济和社会发展第十四个五年规划和 2035 年远景目标纲要》文件指出，提升清洁电力发展水平。立足电力外送基地战略定位，推进电力资源跨区域配置能力建设。以华北、华中等受电地区为重点，布局推进一批特高压及外送通道重点电网工程。适应煤电从主体性电源逐步向基础性电源转变趋势，探索大容量、高参数先进煤电项目与风电、光伏、储能项目一体化布局，实施多能互补和深度调峰，提升电力供给效率。深化电力市场建设，构建“中长期＋现货＋辅助服务”的现代电力市场体系。以市场化、法治化、公平性、可持续为方向，完善战略性新兴产业电价支持政策体系，努力把能源优势转换为新兴产业发展的竞争优势。到 2025 年，电力外送能力达到 5 000 万～6 000 万千瓦。

须继续提高对节能技术与装备的研发投入，完善与节能相关的市场体系，以奖惩方式提高政策扶持与监管的力度，协同促进电力行业节能工作的开展。

山西绿色电力产业高质量发展路径见表 4-2。

表 4-2　山西绿色电力产业高质量发展路径

产业类别	发展优势	发展劣势	发展路径
绿色电力	山西拥有丰富的煤炭资源。山西创新电力交易机制，将煤炭优势转化成电力优势。2021 年以来，全国范围内出现煤炭、电力供应紧张情况，山西作为传统煤炭大省，肩负着全国性的煤电保供任务	电力供需矛盾突出，电煤价格上涨导致企业经营压力加大。煤电尖峰时段发电受阻问题突出。地区用电量快速增长；能耗双控形势严峻，高耗能产业限电限产。电力需求快速增长，电力保供难度加大。供电煤耗高于全国平均值。供热期弃风弃光现象严重。综合能源多能互补性差	加强绿色电力产业的技术创新突破。包括开发调峰技术，建设示范工程，加大技术研发，建立分布式供能系统。推动绿色电力产业智能化、绿色化、服务化融合发展。提高对节能技术与装备的研发投入，完善与节能相关的市场体系，以奖惩方式提高政策扶持与监管的力度，协同促进电力行业节能工作的开展

第二节　清洁能源供应基地建设工程

第26届联合国气候变化大会强化了全球应对气候变化的行动，多国上调了可再生能源的发展目标：欧盟将2030年可再生能源占一次能源比例目标从32%提升到40%；日本计划2030年可再生能源装机容量占比提升至36%～38%，较原目标提高10个百分点；印度尼西亚提出2025年可再生能源占比提升至23%。

中国“双碳”目标的提出，为能源转型提供了更为紧迫明晰的时间表。电力行业碳排放占全国总量的40%，要实现碳达峰、碳中和，电力行业任务最重、责任最大。电力行业要加快构建清洁低碳安全高效的能源体系，控制化石能源总量，着力提高利用效能，实施可再生能源替代行动，构建以新能源为主体的新型电力系统。2030年后，水电、核电等传统非化石能源受资源和站址约束，建设逐步放缓，新能源发展将进一步提速。预计到2060年，风电、光伏装机规模超50亿千瓦，装机占比超80%，新能源发电量超9.6万亿千瓦·时，占比超60%，成为电力系统的重要支撑。习近平总书记在二十国领导人分会上指出我国首批100吉瓦大型风电、光伏基地项目有序开工建设。

根据国家能源局的数据，2020年，我国可再生能源保持高利用率水平。2020年全国弃风电量约166亿千瓦·时，平均利用率97%，较上年同期提高1个百分点；全国弃光电量52.6亿千瓦·时，平均利用率98%，与2019年平均利用率持平。截至2021年11月底，全国发电装机容量约23.2亿千瓦，同比增长9.0%。其中，风电装机容量约3.0亿千瓦，同比增长29%；太阳能发电装机容量约2.9亿千瓦，同比增长24.1%。1—11月份，全国发电设备累计平均利用3 483小时，比上年同期增加87小时。其中，风电2 031小时，比上年同期增加119小时。1—11月份，全国主要发电企业电源工程完成投资4 306亿元，同比增长3.6%，其中，太阳能发电513亿元，同比增长34.9%。电网工程完成投资4 102亿元，同比增长4.1%。

山西电网风电装机容量不断增加，截至2020年，风电装机容量达到1 299.6万千瓦，较2019年同期增长20.7%，已进入全国风电装机的第一梯队。

《山西省“十四五”新业态规划》指出，大力发展绿色能源，加快培育第三方运维、点对点能源服务等绿色能源生产、消费和交易新业态。开发绿色能源衍生品，提供差异化绿色能源套餐。鼓励企业积极参与碳交易，鼓励能源生产与消费企业共同设立碳中和基金，发挥好山西国投绿色能源发展基金引导作用，加快布局一批绿色发电市场化项目，推动开展碳捕捉、碳封存科技研发和应用，推广普及绿色建筑、绿色生产、绿色出行。加快研发和推广高效洁净煤技术、煤炭深度转化技术等共性关键技术，推动可再生能源替代化石能源，推进清洁能源跨省消纳。大力发展风电、光伏等可再生能源，加快构建山西省绿色多元能源供给体系。开展“新能源＋储能”试点示范。优先发展新能源，利用存量常规电源，合理配置储能。结合电网调峰需求，组织实施一批不同类型的储能示范项目，开发“风电＋光伏＋储能”“分布式＋微网＋储能”“大电网＋储能”等发储用一体化的商业模式。深入开展“新能源＋电动汽车”协同互动智慧能源试点，结合山西省电动汽车等用户侧负荷资源和新能源发展趋势，探索构建“源(新能源)-网-荷(电动汽车)-储(蓄电池)”协同运行的“互联网＋”智慧能源系统。加快大容量储能技术研发推广，构建以新能源为主体的新型电力系统，提升电网汇集和外送能力。大力开展新能源跨省跨区交易，扩大新能源消纳范围。开展风光火储输一体化项目示范，探索大容量、高参数煤电项目与风电、光伏、储能项目一体化布局；推动交通领域智慧能源示范项目建设，探索新能源与交通设施协同发展。

一、风能产业高质量发展路径

(一) 风能产业发展的基础

山西地处黄河中游，包括山地、高原、丘陵在内的整个山区面积很大，占到全省土地面积的72%以上。大部分地区海拔在1 000米以上。因季风环流和地理因素的影响，山西山地地形对风起着阻挡作用，加上地形的狭管效应，各地风向、风速差异较大，形成具有各地特色的地方性风。山西省风速的季节变化比较明显，一般春季风速最大，其次为冬季。全年最大月平均风速基本出现在春季的4月，最小月平均风速出现时间相对分散，大部分地区出现在夏季的8月、9月。

随着国家新能源发展战略的深入推进和风能产业技术进步、产业化步伐的加快，山西省风电产业具有良好的发展前景。

山西省风能重点发展的区域有：

(1) 五台山高山区域。该区域年平均风功率密度达776瓦/平方米，为全省最高。五台山位于山西省北部，其海拔2 895.8米，呈孤峰突起。该地区风速年变化与东亚行星锋区的增强和减弱关系十分密切，最大月平均风速出现在冬季行星锋区最为强盛时期，春季次之，最小月平均风速出现在夏季，但也在5米/秒以上。五台山盛行风向稳定，全年均为西北风。因此，五台山高山区具有丰富的风能资源，但是五台山地形特殊，且为佛教圣地，如果要进行风能开发利用宜先协调好各方关系。

(2) 管涔山及吕梁山西部区域。该区域位于中部断陷盆地与黄河峡谷之间，风能较好的区域有两个：一是包括平鲁、神池、宁武、五寨、岢岚等县(市)的区域；二是吕梁山西部包括中阳、蒲县等县(市)的区域。海拔较高，由于地形作用风速加大，尤其是高山和峡谷地带，由于海拔高或狭管效应等地形因素风速比较大。如神池处于管涔山和吕梁山脉山口区，由于狭管效应在这里形成大风区。

(3) 晋西北区域。该区域位于山西省最北部，包括天镇、阳高、左云、右玉、平鲁、大同等县(市)的区域。该区与内蒙古交界，春、冬季冷空气活动频繁，风力比较强，适宜开发风电场。

(4) 中条山区域。该区域位于省境南端,包括运城、永济、芮城、平陆等县(市)的区域。该区与黄河谷口相邻,中条山自西南向东北穿过,受地形影响,该区风速较大。

(二) 风能产业生存优势和发展方向

1. 风能产业生存优势明显

山西省西北部与内蒙古(全国风能资源第一)接壤,境内山区较多,风速比较大的高山区、存在狭管效应的山谷、风口等地形比较多,决定了风能资源丰富,且山西风场还具有极大风速低,无台风,无盐雾,极端低温高,风沙天气少,电网分布均匀等诸多优势。因此,山西存在较好的风能开发潜力和价值。

2. 风能产业发展机遇和方向

碳中和支撑中长期风电需求向好。“十四五”期间国内风电年均装机容量有望达到 45～60 吉瓦,相较碳中和目标提出前的产业预期明显上调。在风机价格超预期下降、陆上风电经济性充分显现的情况下,国内陆上风电装机有望提前见底回暖;而在需求向好的预期下,风机价格竞争也有望出现一定程度的缓和。大宗原材料价格如出现松动则有望增加风电中游制造环节的整体利润。风电制造业量、价、成本三重底有望确立。风电机组大型化趋势基本确立,未来风电整机价格和度电成本有望持续下降,进一步打开需求空间;在大型化趋势影响下,整机与零部件环节的竞争格局亦有望出现变化,部分风电企业有望受益。

3. 风能产业高质量发展的路径设计

(1) 守住生存线,筑牢风能产业发展根基

由于山西本地经济增速有限,大量的电力增量需要外送华北或其他地区,风电的消纳和送出问题变得越来越严峻,尤其是由于受疫情影响,全省用电市场还未完全恢复,多条 500 千伏、220 千伏线路和多台 500 千伏、220 千伏变电站主变停运,给电网实时运行管控尤其是新能源消纳带来极大挑战。

① 弃风现象严重。过多风电项目为了争取新能源补贴抢装上马,但很难并网,存在严重的电力消纳问题,季节性处于空转浪费状态。这种现象并非山西独有,而是在全国范围内存在,是可再生能源发展的普遍现象,也是阻碍风电发展的最大问题。

政策举措:政府部门宏观调控风电发展与调峰电源发展,使之和用电需求增长速度基本同步,增加就地消纳与扩大向外输送“双管齐下”,健全市场机制。

② 政府层面重视不够。山西省作为煤炭大省,煤电占比极高也承担全省地区生产总值主要驱动功能,在电力外输状态下更优先煤电而非可再生能源电力。

政策举措:主管部门不仅要考虑风电场投资建设的政治意义,更应当从市场商业发展维度出发,从根本上理顺煤炭与新能源的发展关系。

③ 风电项目管理水平不高。与国内可再生能源发展,尤其是风电领先省份的项目管理水平相比,山西省还有较大差距,在管理上常常存在顾此失彼的现象。

政策举措:省能源行政主管部门要进一步优化对能源效率的调整,做优煤炭产业

与高效发展新能源产业，使之形成协同合力。

④ 风电企业乱象丛生，资质不全。在能源转型背景下，风电行业竞争无序，很多企业存在层层转包或者“僵尸公司”问题，通过刻意压低价格来竞标的现象比比皆是，一些并不具备风电技术能力与安装资质的企业为了骗取补贴扰乱市场。

政策举措：省能源行政主管部门要和市场监督部门加强合作，形成风电行业执法监督合力，对不具备风电技术能力与安装资质的企业坚决清理，对刻意压低价格、扰乱市场秩序的企业依法处置，消除山西风电产业发展后续的隐患，促进风电产业可持续良性发展。

(2) 拓展发展线，力争达到风能产业先进水平

① 提高风能产业的技术创新水平

山西省风力发电发展逐步从主要依靠集中式风电，向分散式发电协同推进的模式转变。要向新疆、内蒙古等西北风电发展高水平地区学习借鉴，学习风电问题的解决模式，提升风电场建设水平。风电场建设水平的提高，有利于推动风力发电成本降低，关键在于风电设备。其主要从三个方面着手，分别是增加风机单机容量、增加风机轮毂高度和扩大风机叶片直径。技术创新的方向主要围绕这三个方面展开。增加风机单机容量，降低风电场安装风机的数量，有助于提高系统的运行可靠性，降低机械、电子、控制、电缆和塔架等辅助系统的平均成本，有助于降低系统造价；增加轮毂高度，利用风速更为稳定、质量更高的风能，有利于风机的稳定可靠运行；扩大风机叶片直径，需要叶片表面能够抵抗盐雾等的侵蚀，同时去除水分和污垢，应当重点研究延长风机叶片寿命的技术。鼓励技术创新，对取得知识产权的风能产业企事业单位、团体和个人实行奖励政策。

要加大可再生能源技术创新研发投入，通过技术与政策工具并行手段尽可能提高利用效率，走从规模向效率转变的发展模式。

② 推动风能产业的三化融合

突出智能化，风电机组设计制造、开发建设和运营管理的各个环节要引入智能化、信息化、大数据、云计算等理念，将互联网、大数据的思维应用于风电设备制造和风电场运维，并进行基于数据的资产性能管理，进一步提高发电量和运维质量，降低载荷，节约成本。通过数字化驱动创新，实现能源互联网和多能互补，实现负荷与电源的统一管理。突出绿色化，推动风能产业淘汰落后产能，加大风电装备节能降耗技术改造，提高能效水平。突出服务化，推动风能产业与现代服务业相互促进。以打造风电产业服务中心为目标，重点发展与风电产业相关的服务业，力争在设计咨询、施工监理、运维服务、工程研究、技术研发等风电服务业方面取得突破。

(3) 加大风能产业的政策扶持力度

继续做好“新能源+电动汽车”智慧能源试点工作，有效解决弃风问题，降低电动汽车用电成本，促进低碳环保出行。

山西省各级能源主管部门要从各方面提高管理转化水平。积极探索储能等灵活调节资源促进新能源消纳的新机制，试点开展虚拟电厂调峰等促进新能源消纳的新模式。“十四五”期间要重点发展风电，构建风电全产业链发展模式，集中优势打造晋北风电产业集群。

二、太阳能产业高质量发展路径

（一）太阳能产业发展基础

山西因地形和气候特点，太阳能资源优势十分明显。太阳能拥有清洁、可靠、安全、无污染优势，随着技术的不断成熟，太阳能可满足不断增长的能源需求。近年来，山西省光伏制造产业规模不断扩大，2019 年，共有规模以上企业 12 家，已形成光伏电池片 7.4 吉瓦，光伏组件 4.3 吉瓦，光伏玻璃 2 000 万平方米的产能，初步形成铸锭/拉晶-切片-电池片-组件产业链条；光伏制造业实现主营业务收入 87.0 亿元，同比增长 36.15%。截至 2020 年年末，山西太阳能发电装机容量达 13.08 吉瓦，新能源发电在省内占比提升迅速。

（二）太阳能产业生存优势和发展方向

1. 太阳能产业生存优势

发展太阳能产业，山西拥有先天优势。山西光照资源禀赋好，外送＋储能保障消纳。山西全省属于二类、三类资源区，属于日照充足地区，适合光伏发电项目的大规模开发。省内已建成“三交一直”特高压外送线路，逐步实现由输煤到输电的转化，配合电化学储能及抽水蓄能保障新能源电力消纳。

2. 太阳能产业发展机遇与方向

发展太阳能是未来数十年的产业风口。在碳达峰、碳中和的目标下，以光伏为主导的太阳能产业被赋予高增长、高景气度的成长空间，将成为未来数十年的产业风口。

太阳能利用主要有七大技术领域：光热利用、光热发电利用、热电直接利用、光电利用、光化利用、光生物利用和光热光电综合利用等。

国家大力布局太阳能产业。“十四五”期间，中国将推动一期示范项目建设，促进光伏＋储能、光伏＋治沙、光伏＋制氢、光伏＋海水淡化、光伏＋充电桩等新产业新业态的成熟，促进光伏发电多点开花。

光伏＋储能：光伏＋储能是整个电力探索的主线，通过光伏电站加储能电站，可以使光伏发电供电质量得到进一步提升，更多地替代电力系统中价值更高的电力部分。2030 年光伏和储能有望达到电网平价的水平，其中分布式光伏最早有望在 2022 年或 2023 实现平价。

光伏＋户用：目前，山东、陕西、福建、广东、江西等地已开展户用光伏试点工作，未来户用光伏会从简单的能源消费者向能源产消者转变，结合户用储能系统、电动汽车充电桩等，用户也可以实现能源独立。

光伏＋制氢：光伏制氢是光伏未来大规模发展的一个出路，可直接将光伏直流电通过DC/DC转换器直接制氢，特别是光伏电站可实现离网制氢，可以摆脱电力消纳和送出的限制，在日照很好但电网条件有限的地区制氢。

发展太阳能产业是山西实现能源革命的最佳路径。山西省地处中部，煤炭资源储量丰富，是全国最大的能源外送基地，在低碳化、去产能的背景下，山西将继续加快优化省内能源结构，推进国家新型能源基地建设。

作为全国能源重地，探索能源革命，争当能源革命排头兵是山西必须做到的头等大事。依托科技创新，大力发展太阳能等绿色洁净能源产业，既能改变“一煤独大”的能源供给现状，也能为传统能源输出基地从根本上改变能源供给结构，为山西能源革命提供最佳方式的同时为全国贡献能源改革新模式。

发展太阳能产业是“双碳”背景下山西高质量发展的有效手段。山西的高质量发展用新发展理念引领转型发展，着力推动经济发展方式转变和增长动能转换，为响应碳中和远景目标，山西能源转型势在必行。通过打造以光伏为主体的新能源电力系统，更高效推进清洁能源在能源生产侧的替代，更大范围推进电能在能源消费侧的替代，加快高碳电力系统向低碳或零碳电力系统转变，确保实现碳达峰、碳中和目标，高效推动山西高质量发展。

3. 太阳能产业发展的路径设计

（1）守住生存线，筑牢太阳能发展根基

与浙江省等先进地区相比，山西省的光伏产业大而不强，缺少核心技术，因此，要加快技术创新改革步伐，推动光伏产业链体系向精品、精深迈进，全面迈过全国同行业平均水平这个“生存线”，实现发展模式由外延粗放向内涵集约转变。同时，还要发挥山西省煤炭资源产业优势，将光伏发电与煤电产业融合发展，立足全国，合理调整能源生产和消费结构。

① 土地资源掣肘。三道“红线”的划分及各类用地规划将挤占平地建设以及部分利用一般农田复合建设的光伏项目，持续地新造林地挤占了光伏项目开发用地，也限制了林光复合项目的落地，影响光伏项目开发空间。

措施建议：针对土地资源掣肘问题，强化政府引导，开发农光互补、林光互补模式，因地制宜布置“山地光伏”，加大对乡村地区电力系统改造以及光伏基础设施建设投资，保障农产品就地加工、乡村旅游等新业态用电需求；加快乡村电气化替代，逐步淘汰燃煤锅炉、燃气燃煤粮食烘干等落后的能源利用方式。

② 电网接入与消纳困难。根据2020年四季度全国新能源电力消纳评估分析，山西弃电量4.8亿千瓦·时，弃光率3%，且由于新能源新增装机容量增多，弃电率有所上升，从而给新能源的接入和消纳带来非常大的压力。未来较长的一段时间内，该困难会持续存在。

措施建议:针对电网接入与消纳困难,推广风光互补及各种“光伏+”开发模式,逐步提高清洁能源在一次能源消费结构中的占比。继续推动储能及电力外送通道建设,采用数字化技术,协调用电负荷端与之互动匹配,提高用电效率,节约用电成本,通过源、网、荷、储互动实现纵向贯通。采用智能化手段,实现削峰填谷,促进新能源消纳,构建能源互联网在消费侧实现横向协同。

③ 技术更新替代风险加剧。目前山西省在电力基础研究方面投入不足,光伏产品的技术在能源材料、器件、芯片以及构建新型电力系统基础理论和技术方面亟待实现从 0 到 1 的突破,光伏行业技术更迭迅速,现有光伏企业的生产设备和技术随时面临被淘汰的风险。

措施建议:针对技术更新替代风险加剧等问题,引进创新人才,强化校企合作,谋求光伏技术突破;建立配套的光伏政策扶持体系,鼓励企业进行商业模式创新;采用柔性输电等技术,将数百千米乃至上千千米范围的风电、光伏、水电等通过柔性直流输电联通起来,发挥电力系统时空互补和多能互补的间接储能作用,实现电能稳定输出。

④ 原材料价格波动。2020 年以来,光伏行业百亿元级别的扩产计划频频登场,行业“水桶腰”的格局越发明显,中游的硅片、电池、组件产能远高于硅料产能及终端需求,4 月份以来,光伏玻璃价格经历了断崖式下跌,而从硅料到组件,产业链价格压力继续传导。

措施建议:针对原材料价格波动的问题,政府加强光伏新能源市场运行情况监管,充分把握市场成本价格变动情况,统筹规划建立以光伏能源为主体,水电、煤电、气电和核能等为补充的电力系统,实现传统能源与新能源、清洁能源协同发力,有效带动相关原材料、电力设备、电力电子器件、系统设计和施工等产业链上下游企业技术创新和升级改造。

⑤ 海外市场风险加剧。风云变幻的贸易政策和经济形势,使光伏产品市场具有很大的不确定性。哥本哈根会议后,世界光伏产业进入新一轮发展周期,国际间博弈将更加激烈。

措施建议:针对海外市场风险加剧的问题,进一步加强国际合作,利用光伏产业外向型发展优势,推动光伏企业加快国际产能和应用合作进程,在保障用电安全和稳定的同时降低企业用电成本,使一些目前受限于能源成本的创新技术开发具备经济可行性,例如电解水制氢等。

(2) 拓展发展线,力争达到太阳能发展的先进水平

① 加强太阳能产业的技术创新突破

a. 光伏发电与建筑集成应用

现阶段光伏发电领域光伏发电与建筑物的结合方式主要有两种:一是将平板光伏器安装于建筑屋顶,运用光伏阵列与电网并联的方式为用户提供电能,进而形成联

网式光伏发电系统；二是将建筑与光伏器件一体化，将光伏电池直接安装在屋顶，并且以光伏发电的玻璃幕墙取代传统玻璃幕墙，使墙面与屋顶的光伏器件能够更加直接、全面地吸收太阳能，既能够发电又可以做建材，有效降低光伏发电的成本。

b. 光伏发电分散应用

首先，中国联通、中国移动的中继站均可成为太阳能光伏利用场所。在分散供电方面太阳能有非常大的优势，现今山西省通信网点分布广泛且密集，尤其在偏远乡村，此项目更具优势。100 平方厘米的太阳能电池板功率约为 1 瓦。对于山区、高原、边远不发达地区的通信设备供电，现在的电力供应很难达到预定的期望，但可以建立一些小的光伏电站。在城市公共设施及建筑物中使用光伏发电系统装置，不仅可为太阳能光伏发电提供较大的空间，同时还可扩大城市中心无线基站、传输中基站、射频拉远基站及微蜂窝基站等计入网点的再生能源利用率。

其次，普通电力用户将成为主要驱动因素。地下车库、小区、屋顶光伏照明均是推广太阳能光伏的重要途径，尤其是地下车库，可结合 LED 等和太阳能光伏，使用光伏电源作为地下车库 LED 等电源，若是长时间使用光伏电源，则可大大节约能源，对电网供电压力也有一定的缓解。山西省政府部门可制定政策，电力部门积极给予配合，降低光伏发电并网门槛，如此便可为光伏的推广开辟一条新的有效的路径。

c. 储能技术突破路线

晶硅电池以转化效率高、成本低占据了市场的主流，目前的市场占有率达到 85% 以上，成为光伏发电的主要技术。虽然晶硅电池的发展近几年有了突破性的进展，量产效率已超过 20%，但继续提高晶硅电池的转化效率，仍是目前山西省光伏发电技术研究的主流方向和目标。

由于经费制约，我国太阳级硅的研究工作限于较简易的化学与物理提纯。我国具有纯度高的石英砂资源，并生产大量冶金级硅供应出口，采用冶金硅精炼的方法生产太阳级硅将来具有潜力。

由于硅材料占太阳能电池成本中的绝大部分，降低硅材料的成本是光伏应用的关键。浇铸多晶硅技术是降低成本的重要途径之一，该技术省去了昂贵的单晶拉制过程，也能用较低纯度的硅做投炉料，材料及电能消耗方面都较省。

② 推动太阳能产业三化融合发展

推动光伏产业智能化建设，实施产业基础再造和产业链提升工程，运用大数据、物联网、人工智能等新一代信息技术，提高自主创新和集成创新能力。突出绿色化，推动光伏产业降能耗、提能效，坚决遏制“两高”项目盲目发展，严格落实能耗双控行动方案，坚持“上大压小、产能置换、淘汰落后、先立后破”，加大节能降耗技术改造，能效水平要全面达到全国平均水平以上。持续增强光伏产业的竞争力，力争成为山西省节能降碳、环保减排产业中的拳头产业。突出服务化，推动光伏产业与现代服务业相互促进。鼓励企业开展绿色供应链制造服务体系创建。要着眼在补链、延链、提链、强链开发生产中，灌注绿色供应链理念，加强供应链上下游企业间绿色协调与协作，实现资源利用高效化、环境影响最小化。

③ 完善太阳能产业发展相关政策

a. 强化政策指导。加大光伏行业政策宣传力度，及时传达国家及省内相关政策措施，指导企业享受政策支持。解读《光伏制造行业规范条件》，推动企业进入工信部公告名单，引导山西省光伏产业持续健康发展。认真贯彻执行《电子信息制造业统计调查制度》，做好企业数据填报咨询服务工作。进行产业运行分析，及时掌握行业发展动态和企业运行情况，做好行业预警分析工作。

b. 加大资金支持。通过省级技改资金、数字经济等专项资金，加大对光伏企业技术改造、研发投入、成果转化等方面的资金支持力度。落实山西省战略性新兴产业电价优惠政策，形成具有比较优势的电价"洼地"。强化银企对接工作，集中向金融机构推荐一批优秀企业、优质项目，争取融资贷款支持。

c. 创优投资环境。加快长治、晋中、吕梁等地光伏产业集群建设，鼓励各地区根据光伏产业现状和发展趋势，提前进行工业园区基础设施的规划和建设，对标先进省份"九通一平"等园区标准，加快水、电、气、暖、路、网等基础设施的完备，推动新建、改扩建项目和招商引资产业配套项目的快速落地。提升物流、金融、人才、法务等新要素集约水平，完善园区公共服务功能。

d. 增强服务能力。着力增强服务意识，加强与企业的沟通联系，畅通企业建议、诉求反馈渠道，帮扶解决企业实际困难。健全山西省光伏产业联盟组织功能，对接中国光伏产业联盟、中国光伏行业协会等国内外行业组织，推动省内光伏企业与行业龙头的深度交流合作。组织企业参加国际展览会、行业对接会，助力企业精准对接客户需求、高效推广光伏产品、提高知名度。

三、地热资源高质量发展路径

（一）地热资源高质量发展基础

地热能供热是一种绿色低碳、清洁高效的供热方式，与传统热电联供、燃煤、燃气锅炉供热相比，运行费用低、维护简单、无排放，对改善大气环境质量，持续优化能源结构，引领能源转型具有重要意义，是山西省能源革命综合改革试点工作的一项重要内容。

（二）地热资源高效利用生存优势和发展方向

1. 地热资源高效利用生存优势明显

山西省地热能资源相对丰富。其中，浅层地热能可开采资源总量约 2 800 万吨标准煤，是全国浅层地热能开发利用的"适宜区"，主要分布在朔州、忻州、大同、晋中、太原、临汾、运城和长治等八个城市。水热型地热能可开采资源总量约 5 700 万吨标准煤，居全国第八位，主要分布在太原、临汾、曲沃、运城等市县。2021 年 1 月

25日，山西高温地热资源开发利用科研示范基地暨试验电站启动仪式在大同市天镇县举行。

按照地热资源特征，山西省可分为新生代沉积盆地型和隆起山地型两种地热资源类型。新生代沉积断陷盆地位于山西中部，大地热流值为71～80兆瓦/平方米，高于全球大地热流平均值61.55兆瓦/平方米，属于高热流异常区。

地热地质勘查结果表明，全省共发现水温在20 ℃以上的地热水出露点200多处，主要分布在运城、临汾、忻州、大同四大盆地中。山西奇村温泉因含有氡、氟、硫化氢、硅酸盐等十几种矿物质，被誉为世界四大温泉之一。

热能在能源革命中具有独特的“先发优势”。目前地热能作为五大非碳基能源之一已纳入“中国碳中和框架路线图研究”路线中。实现碳达峰、碳中和目标，既涉及能源结构的优化调整，又涉及能源利用效率的提升，这与地热能等减碳技术的应用密切相关。

随着地热勘查程度的加深，山西省地热产业慢慢扩展到了地热供暖、洗浴保健、种植养殖、工业生产等方面。截至2019年年底，山西省地热供暖面积约为1 350万平方米。其中，浅层地热能供暖制冷面积450万平方米，中深层地热能供暖面积900万平方米，已成为山西省能源转型的重要推动力。

2. 地热资源高质量发展路径设计

(1) 守住生存线，筑牢地热能产业发展根基

① 地域分布不均衡。山西省地热资源主要分布在大同的天镇、阳高，忻州奇村，临汾侯马等地，而且是集中在少数的几个村落，这些地方地处偏僻、交通不便、经济较落后，同时当地煤炭资源比较丰富，很大程度上制约了区内地热资源的开发。

政策措施：深化地热资源勘查工作。地热资源勘查是地热能开发利用的基础。自然资源主管部门要组织开展地热资源调查，加大地热资源开发利用规模。在此基础上，科学合理确定开采限量、矿业权，引入企业开展后续勘查和开发利用工作。

② 环境污染问题。地热资源利用带来一些环境问题，如过量开发引起水位下降和地面沉降，破坏自然景观；热水中一些有害气体、放射性物质随同流体进入地面空间，对大气造成污染；化学成分复杂的地热水利用后直接排放，也会侵蚀土地、污染水源、破坏生态平衡等。

政策措施：在进行资源评估、环境影响评价和经济性测算的基础上，根据实际情况选择“取热不耗水、完全等量同层回灌”或“密封式、无干扰井下换热”技术，最大限度减少对地下土壤、岩层和水体的干扰，确保地下水水量不减少、水位不下降、水质不降低，避免对地下水资源和环境造成损害。地热资源是在特定的地质、构造、水文地质和水文地球化学环境条件下形成的，由于埋藏深、补给途径远、再生能力弱，其资源量是有限的，并非取之不竭。目前，人们对地热资源的特点认识不清，将地热混同于一般的矿产资源或水资源，开发利用水平低，过量开采和浪费现象严重，造成地热资

源得不到合理开发和有效保护，不能实现可持续开发利用。

③ 制度法规不健全。管理体制不完善，职责不清，部分地区存在多部门重复管理现象，导致地热开发管理混乱，无人普查勘探和进行资源评价。地热资源利用结构单一，缺乏综合利用、梯级开发的法规。地热利用以洗浴为主，不仅浪费了地热资源，而且降低了地热资源开发企业的经济效益。

政策措施：加强对地热能开发利用项目的监督检查，建立对地热能开发利用项目的常态化监督检查机制和后评估制度。对地热能开发利用项目对地下水等的影响进行持续监测，对地热能供暖项目的安全稳定运行、供热保障情况进行监督管理。建立企业回灌信用档案，对失信企业重点监督并限制新的地热能开发行为。

(2) 拓展发展线，力争达到地热资源高效利用先进水平

① 提高地热资源高效利用的技术创新水平

抓紧攻关地热能发电关键技术和成套装备，为今后地热能发电的规模化发展做好技术储备。适时研究出台支持政策，在地热资源丰富地区组织建设中高温地热能发电工程，鼓励有条件的地方建设中低温和干热岩地热能发电工程，支持地热能发电与其他可再生能源一体化发展。山西省应设立地热能科技创新重大专项资金，加大对地热能勘探开发核心关键技术研发的投入力度，不断加大地热能综合利用研究，不断加强产学研相结合的技术创新体系建设。加速产业转型升级，成立山西省地热能供暖产业孵化平台，明确地热能供暖产业高品质发展路径，完善丰富地热能供暖上下游产业链。加强人才培养储备与对外合作，完善人才培养机制，积极开展对外合作。出台有利于地热能开发利用的财政、金融政策等，研究利用现有渠道对地热能供暖项目给予财政支持。

② 推动地热资源高效利用的三化融合

突出智能化，地热能梯次开发利用以及地热能开发运营要与数字化、智能化发展相结合，总结各地区可复制、效果好的地热能开发实践经验，及时推广典型案例。省能源主管部门要利用好地热能信息管理平台，组织本地区地热能供暖(制冷)项目业主在地热能信息管理平台中录入项目备案/登记信息，并在供暖期内按月更新项目的运行状况。省级自然资源主管部门组织勘查开发单位建立地热资源动态监测体系，开展地下热水温度、流量等动态物理信息的综合监测。勘查开发单位应当安装取水和回灌在线计量设施，并将计量数据实时传输到有管理权限的水行政主管部门。省级生态环境主管部门负责监督本地区地热能供暖(制冷)项目业主开展地下热水及回灌水质监测，按相关要求定期报生态环境主管部门备案。突出绿色化，省自然资源主管部门要组织开展地热资源调查评价，根据资源环境承载能力和水资源开发利用条件，会同水行政主管部门对地热资源开发利用的可行性、适宜性、开发利用总量和开发强度进行总体评价，以地热田为单元确定地热资源开发利用规模。突出服务化，鼓励各地开展地热能与旅游业、种养殖业及工业等产业的综合利用，鼓励各地创新管理

方式，先行先试开展地热能高质量发展示范区建设，以点带面快速带动地热能开发利用的规模化发展，推动地热能成为清洁取暖的重要力量。

③ 加大地热资源高效利用的政策扶持力度

2021 年 4 月，国家能源局发布《关于促进地热能开发利用的若干意见（征求意见稿）》。征求意见稿提出，到 2025 年，各地基本建立起完善规范的地热能开发利用管理流程，全国地热能开发利用信息统计和监测体系基本完善，地热能供暖（制冷）面积比 2020 年增加 50%，在资源条件好的地区建设一批地热能发电示范项目；到 2035 年，地热能供暖（制冷）面积比 2025 年翻一番。山西省应规范地热能开发利用管理，统筹规划浅层地热能项目资源开发布局。

协调联动职能部门推动全省地热资源开发利用。建议加大山西省地热资源勘查财政投入力度，山西省自然资源厅持续推进地热资源调查评价基本类工作，开展太原、临汾、运城等重点区域地热资源的详查和精细评价。对水热型地热田的地质及热储特征、地热资源的数量和质量，以及开采技术经济性做出评价，为山西省地热资源合理开发利用提供依据。充分发挥矿产资源规划的引导作用，将地热能作为清洁能源矿产，列为优先勘查与开发的矿种，加大地热资源的调查与勘查力度，挑选有利区域建设地热资源开发利用综合试验区，推广先进适用的地热资源开发利用技术和装备，推动全省地热资源开发利用迈上新台阶。省生态环境厅将按照国家和省政府有关要求，指导各地开辟环评绿色通道，在确保地下水安全的前提下，对符合生态保护红线、主体功能区划、环境功能区划、国家重点生态功能区产业水库清单要求的地热能供暖项目，加快环评审批，推动地热能供暖项目早建设、早投产、早受益。省水利厅应积极推进地热能开发项目取水取暖审批工作。

健全地热资源开发利用的制度政策体系。建立完善地热能供暖行业规范，加强组织领导和统筹，加快相关立法和政策制定工作，突出专项规划引领作用；完善政府地热能供暖监管服务体系，明确政府各部门职责分工，优化审查审批程序，确立行业准入条件，推动示范县（区）建设；加强财税金融支持，建立地热能供暖补贴政策，推动实施地热能供暖减税降费政策，充分响应国家减税降费政策，对地热能供暖企业优先照顾，实施更加灵活的信贷金融政策；加快出台《山西省地热资源管理办法》，明确管理部门职责，简化地热探矿权、采矿权等申报要求，加快审批程序。优化和完善地热采灌标准，加强地热水回灌监督检查，制定完善的地热能技术标准体系。

四、氢能源产业高质量发展路径

（一）氢能产业发展基础

作为能源煤化工大省，山西省氢能产业已经具备了一定的产业基础。长治经开区成立了全国唯一的省级氢能安全装备工程研究中心，煤制甲醇、焦炉煤气副产氢提纯、氯碱尾氢提纯等项目已立项建设。除美锦集团等本土企业外，雄韬云鼎、中车氢能、新研氢能、上海重塑、海德利森、上海申能等龙头企业均已分别在大同、长治布局，海德利森在长治建成了全国最大的加氢站成套装备生产基地。全省建成4座加氢站，大同80辆氢能公交车和20多辆物流车、阳泉5辆氢能重卡陆续投入使用；左权中晋冶金30万吨/年氢基还原铁项目正式投产。

山西省在制氢、加氢、氢能源汽车产业链中进行布局，各大煤企具有极强的经济实力和发展氢能源产业的优越条件。如晋煤集团积极开展煤制高纯氢的工业示范，打通煤-高纯氢的大规模工业生产路线，推动煤化工产业升级；同煤集团将煤制氢项目作为煤化工产业链条延伸路线，致力于煤基能源清洁利用相关技术的研发、试验、应用、推广。赛鼎工程、山西国控环球工程为氢能产业的发展提供工艺开发及工业化应用支持。吉利汽车、大运汽车、成功汽车开发出了多款氢燃料电池汽车，以及美锦能源等在氢能源领域布局较早的企业，为山西省氢能产业发展夯下坚实的基础。此外，山西省拥有一批科研实力较强的高校及科研单位，如山西煤化所、太原理工大学、太原科技大学等能够为氢能产业的发展提供基础及应用研究支持。

山西省引进了国内外知名的氢能产业技术服务商和生产企业，通过技术引进、合作、成立合资公司等途径，从氢能供给、消费、技术、体制机制、国际合作等方面，在氢能全产业链上布局。

（二）氢能产业生存优势和发展方向

1. 氢能产业生存优势明显

山西省氢能来源广泛，既有大量的工业副产氢气，又有大量的弃风弃光电、低谷电等可供制氢的存量资源，这一先天禀赋让山西省成为性价比占优的氢能源大省。山西省拥有全国最大的焦炭产能，占全国焦炭产量的近21%，副产的焦炉煤气中氢的含量达到50%～60%，经分离提纯后的氢气可作为优质氢源。同时，山西省庞大的工业基础和多元化的产业布局，存在大量的富氢尾气，可作为氢源的重要补充。此外，山西省市场对新能源需求量也不小，在新能源汽车尤其是氢燃料电池汽车细分领域有优势。

2. 氢能产业发展机遇与方向

氢能产业近年来在国内获得了前所未有的关注，地方政府为了打造一个新兴产业，纷纷出台支持氢能产业发展的相关规划。争当能源革命排头兵的山西，也在积极布局一条氢能全产业链——以太原为核心，点面结合、产业互补、错位发展，辐射带动全省，打造以氢能源经济圈为主的氢能高地，已成为山西转型发展的目标之一。

抢抓能源革命机遇，加快氢能基础设施建设，加速发展绿氢制取、储运和应用等氢能产业链技术装备，促进氢能燃料电池技术链、氢燃料电池汽车产业链发展。制氢领域重点发展焦炉煤气制氢、工业尾气制氢、电解水制氢（光电、风电、调峰电）、煤制氢和生物质制氢的多元化制氢模式。氢能储运领域，大力发展高压氢气存储材料与核心设备生产产业，着力发展液氢存储、运输技术和装备，发展液态有机化合物化学储氢技术，布局储氢合金、纳米材料等高密度固体储氢新材料的开发和产业化。氢能应用领域重点推广氢能重卡，在有条件的地方积极探索氢能公共交通，带动氢能全产业链发展。加快将山西省打造成为全国氢能供给和贸易中心、产业高端制造基地和示范区，最终打造成为具有全国示范作用和国际影响力的“中国氢都”。

“十四五”期间，全省氢能产业规模大幅增长，山西“中国氢都”的形象具有一定知名度。未来15年，山西省氢能产业基本形成绿色氢源和低碳制氢的技术体系、产业集群和覆盖全球的氢气储运和销售网络。未来30年，建成具有全国和全球影响力的“中国氢都”。

构建“氢能＋”产业集群，打造中国“氢源”中心。当前，山西正以本地特色产业为引领，参考国际有效的氢能项目管理机制，创新商业模式和运行机制，加快氢能基础设施建设，力求实现氢能源产业体系全覆盖。太原市、大同市、阳泉市、长治市和运城市五个氢能产业集群逐渐形成，燃料电池、动力系统平台、燃料电池汽车及示范运营等产业配套要素一一集聚，江铃、大运、成功汽车在氢燃料电池汽车研制方面取得重大突破。

3. 氢能产业发展的路径设计

（1）守住生存线，筑牢氢能发展根基

氢能产业链不健全。虽然拥有氢气制备的先天优势，但氢气的制备、储存还没有形成规模，较为分散；产业链中端较为重要的环节——加氢站配套不完善，落地项目较少，限制了下游氢燃料汽车的布局和引进；整车装备技术虽然有一定的研发基础，部分企业完成了氢燃料汽车样车的生产，但还没有实现量产；氢能产业全产业链的整体规划、耦合还亟须加强，上下游协调发展局面仍未形成。

尚未形成清晰的政策体系。虽然山西省从战略层面肯定氢能源产业发展，但专项规划以及政策体系缺位，产业发展方向、目标和重点尚待明确，补贴及扶持机制尚不完善。亟待从政府层面明确氢能源产业的战略定位、发展方向、目标和重点任务，保证真正具有优势条件的区域及企业得到有针对性的重点扶持；通过财政补贴、扶持重点企业以及开展示范项目等政策助力氢能产业的发展。

关键环节自有技术积累较少。氢能产业链的关键技术成熟度还不足，缺乏原始创新。现有企业的技术积累相对薄弱，如加氢站、氢燃料电池及整车装备关键技术与国内外先进技术还有较大的差距。在技术积累上还有很长一段路要走，亟待加强研发投入，建立人才培养和人才引进机制，突破技术限制。

（2）拓展发展线，力争达到氢能发展的先进水平

① 加强氢能产业的技术创新突破

加大技术创新力度，突破关键技术。在制氢环节，以工业副产氢就近供给为主，充分利用工业副产氢优势，大力发展氢气提纯技术，提升工业副产氢产品品质，同时，推进可再生能源耦合电解水制氢以及煤气化结合CCUS制氢协同发展，为满足山西

乃至华北氢能与燃料电池产业的用氢需求提供储备。

在氢储运环节，引入国内外优势企业，开展固态储氢、运氢技术的开发和固态加氢站的技术布局，形成气态储运、液态储运、有机液体储运、固态储运和管道输氢等有机配合的多元储氢和输氢模式，配合多元的氢气加注模式，形成完善的氢能供应体系，为山西省氢能源自供和外销提供可靠的储运网络支撑。

在氢燃料电池汽车领域，重点在氢燃料电池、电机系统、控制系统、电驱系统等关键零部件和技术方面突破；依托山西省汽车厂商在汽车零部件、新能源汽车等方面的雄厚基础，加快整车的装备和关键技术突破，促进城市和区域能源向低碳转型。

加速产业集群升级。加快推进新能源技术研发中心和节能减排技术开发中心等公共服务平台建设，增强共性技术攻关和研发服务能力，鼓励龙头企业联合产业链企业组建新能源产业联盟。构建"氢能＋"产业集群，打造中国"氢源"中心。山西省将着力打造太原市、大同市、阳泉市、长治市和运城市五个氢能产业集群。

② 推动氢能产业三化融合发展

推动氢能产业智能化建设，实施产业基础再造和产业链提升工程，运用大数据、物联网、人工智能等新一代信息技术，提高自主创新和集成创新能力。突出绿色化，推动光伏产业降能耗、提能效，坚决遏制"两高"项目盲目发展，严格落实能耗双控行动方案，坚持"上大压小、产能置换、淘汰落后、先立后破"，加大节能降耗技术改造，能效水平要全面达到全国平均水平以上。持续增强氢能产业的竞争力，力争成为山西省节能降碳、环保减排产业中的拳头产业。突出服务化，推动氢能产业与现代服务业相互促进。鼓励企业开展绿色供应链制造服务体系创建。要着眼在补链、延链、提链、强链开发生产中灌注绿色供应链理念，加强供应链上下游企业间绿色协调与协作，实现资源利用高效化、环境影响最小化。

③ 完善氢能产业发展相关政策

2019 年 3 月，氢能首次被写入政府工作报告。4 月 8 日，国家发展改革委发布了《产业结构调整指导目录(2019 年本，征求意见稿)》，其中高效制氢、运氢及高密度储氢技术开发应用及设备制造、加氢站、氢燃料电池汽车关键零部件等内容被列入鼓励类。6 月，国家能源局印发 2019 年第 3 号公告，鼓励储能、氢能等方面研究。

山西省在《山西能源革命综合改革试点行动方案》中明确提出，要研究制定氢能产业发展规划，推动氢能产业发展。

健全氢能产业协调发展机制。强化各部门之间的沟通联系，协调氢能产业上下游产业链的发展步调，统筹全省各氢能产业重点项目和各产业聚集区的发展。研究制定系统、完善的氢能产业发展规划和扶持政策，提高山西省氢能产业链各环节的技术装备研发和生产水平。

引领全国氢能产业标准体系。关注国内外先进氢能技术和产业发展现状，结合山西省氢能产业发展的实际情况，广泛收集氢能产业和氢能产品运营数据，制定出台制氢、氢源储运以及加氢等产业在消防、安全以及环保等方面的法规，编制氢气、氢燃料电池和氢燃料汽车等氢能产品相关标准，保障山西省氢能产业健康、有序发展。

五、生物质能产业高质量发展路径

生物质是地球上唯一的物质性可再生能源原料，其可持续和有效利用是全球科学研究和技术研发的重点与热点。随着化石能源的日益枯竭和温室气体减排及环境保护的需要，生物质能产业现在已经成为世界各国新能源发展的战略重点。山西省年产秸秆量大，通过生物技术，将生物质转化成各类能源或材料产品，属于高起点绿色发展新兴产业，具有突出的经济效益和社会生态效益，符合当前经济转型升级和可持续发展的要求。

（一）生物质能发展的基础

目前山西省对秸秆等生物质的产业化利用，主要以生物质发电和生产成型燃料为主。据统计，山西省生物质发电装机容量已达 50 万千瓦；生物质成型燃料的生产和生物质锅炉的开发与推广，也在一定程度上推动了部分小城镇和农村能源清洁化；对生物炼制技术的科学研究和产品研发也进行了布局和投入，为新兴产业发展奠定了基础。

（二）生物质能产业生存优势和发展方向

1. 生物质能产业生存优势明显

山西省拥有丰富的生物质能资源。山西省秸秆资源十分丰富，主要以小麦、玉米秸秆为主，其次还有豆类与油菜秸秆、谷类杂粮秸秆、棉花秸秆、薯类瓜蔓、果树枝叶等 10 多种秸秆资源。据调查测算，山西省年产农作物秸秆总量约 1 577 万吨，油料、棉花、药材、蔬菜、瓜果秸秆约 68 万吨。除用于肥料、饲料、基料、造纸等工业原料以及焚烧外，可作为能源利用的秸秆资源量约 800 万吨，折合标准煤 400 万吨。

同时森林生物质资源丰富，山西省每年可提供薪材资源量为 240 万吨，折合 137 万吨标准煤。畜禽排放的粪便约 1 亿吨，除部分作为肥料使用外，还可用作沼气资源。

此外，山西省有大量不适于粮食生产但可种植高抗逆性能源作物的荒山、荒坡和盐碱地等边际性土地，如果选择适合不同生长条件的品种进行培育和繁殖，可获得高产能源作物，为山西省大力发展燃料乙醇和生物柴油等液体燃料提供资源保障。

2. 生物质能产业发展机遇与方向

山西省“十四五”新能源发展规划提出，山西省能源格局将进入全面发展的新阶段，多能互补、智慧能源的能源供应模式将逐步形成，同时，山西省规划新增数十个生物天然气项目，大力推进生物质发电、生物天然气建设。目前，11 个地市建成区全部实现垃圾焚烧发电无害化处理。到“十四五”末，华能芮城基地总规模将达到 195 万千瓦，总投资约 150 亿元，项目包括生物质能等方面。

根据山西省生物质能开发利用现状，统筹生物质能源发展，今后山西省生物质能源开发利用的重点主要包括以下方面：一是大力普及农村沼气；二是积极推广农作物秸秆气化和固体成型燃料；三是稳步推进生物质发电，包括沼气发电、农林生物质发电、城市固体垃圾发电；四是加强非粮生物燃料技术研发利用，试点发展生物液体燃料。

3. 生物质能产业发展的路径设计

(1) 守住生存线，筑牢生物质能发展根基

山西省生物质能开发受限于思想认识，对生物质能产业发展重视不够，开发利用程度明显落后于国内外先进地区，总体上看仍处在初级和起步阶段，资源潜力还远未得到充分开发，生物质能有效替代化石能源、减少温室气体排放、开辟农民增收新途径等多重效应远未发挥。

① 缺乏统一的发展规划和标准体系。尚未形成完整的产业链及市场体系。产业发展的配套政策缺位。山西省作为煤炭大省，近几年在政策上、资金上对生物质能产业也给予了一定的扶持，但生物质能的发展缺乏完整的政府扶持政策与配套措施。例如，生物质发电入网难和运行限电问题已十分突出；在现行能源价格条件下，生物质能产品缺乏市场竞争力，投资项目经济效益不显著，也不利于吸引外部资本的进入和产业的长远发展，这在很大程度上制约了生物质能产业的发展。

措施建议：从政策、体制、机制等方面建立起扶持生物质能产业发展的长效机制。

② 关键技术研究相对滞后。山西省生物质能应用技术研究比较薄弱，存在户用沼气和小型沼气原料结壳、保温性能差、不能稳定产气等问题；沼气发电与气化发电效率较低，相应的二次污染问题没彻底解决等，这些都影响生物质能发挥其应有的能源作用。而且一些关键技术问题没有解决，包括生产酒精、热解液化、直接燃烧的工业技术和速生林的培育等，都没有突破性的进展。因此，依靠科技，加快生物质能关键和瓶颈技术研究，努力降低成本，是推动生物质能产业快速发展的重要途径。现在的生物质能源化利用项目，仍然存在产品结构单一、经济效益不足的特点，从而迟滞了生物质能产业的发展。

措施建议：加大科技投入，促进生物质气化技术进步，建立秸秆综合利用技术研发中心。探索秸秆综合利用新途径，做好技术推广工作。建立生物燃料产业研发中心，加强下一代生物燃料技术开发。

③ 经济效益不足，市场竞争力弱。生物质成型燃料以造粒为主，但生产过程存在能耗大以及设备易磨损、使用寿命短、维修费用高等问题。再加上成型设备与原料的匹配性较差，秸秆资源评价与技术标准、产品检测与认证体系不完善，以及燃料能量密度较低，储存不便，季节性强等技术性问题，致使生物质成型燃料在价格上没有竞争力，整个产业体系还很薄弱。

纤维素乙醇的生产需要非常复杂的生物炼制技术，成本较高，而在石油价格相对

较低的市场环境下，与石化运输燃料相比，其利润空间低，缺乏市场竞争力。不仅如此，生物质液体燃料还必须依托化石能源产品平台进行规模化销售，这进一步削弱了其市场竞争力。

措施建议：基于区域秸秆丰富和集中程度，因地制宜，布局生物质成型燃料锅炉项目和生物质发电项目；在原料富集地区统筹秸秆收集，开发和推广高效秸秆收集与处理农机设备，降低秸秆收集和运输成本，提升生物质能产品的市场竞争力；提前布局并优先支持生物炼制和新材料产业等高值化利用方式，形成可持续发展的市场模式。

(2) 拓展发展线，力争达到氢能发展的先进水平

① 加强氢能产业的技术创新突破

加快推进生物质综合利用，创新利用方式，支持产业化研发，走能源化和材料化利用并重的道路。

建立生物燃料产业研发中心，加强下一代生物燃料技术开发。重点在纤维素乙醇技术、甜高粱乙醇技术、薯类乙醇技术等方面取得重大进展，开展以藻类为原料的千吨级生物柴油中试研发，加强生物能源植物原料的育种与产业化。通过关键技术突破降低成本，实现规模化和产业化生产。同时，加强生物燃料的生产设备研发，通过更先进的装置设备降低生物燃料的生产成本，更多地利用"非粮"植物提高生物燃料产业的整体水平。实施生物液体燃料集成利用示范重大工程。推进以农林剩余物为主要原料的纤维素乙醇和生物质热化学转化制备液体燃料示范工程，积极推进新一代生物液体燃料产业化发展和应用。

② 推动生物质能产业三化融合发展

加强生物质的材料化利用，比如生产先进复合材料和可降解塑料等高附加值产品，同样可以部分取代石化原料达到节能减排的效果，从而拓宽生物质利用方式，助力实现碳达峰、碳中和目标。

在需要生态修复的荒山、河道、湿地和矿山，推广种植生态修复植物，在达到固碳减排效果的同时，为生物质能和生物质新材料产业提供优质原料。

加强非粮生物燃料技术研发利用，合理开发利用盐碱地、荒草地、山坡地等边际性土地，建设一批甜高粱、薯类、油菜等液体燃料原料基地。开展能源作物高效栽培种植示范，并通过"公司＋基地"等形式促进基地的标准化、规模化生产。支持建设具备条件的木薯乙醇、甜高粱茎秆乙醇、纤维素乙醇等项目，科学引导和规范以餐饮和废弃动植物油脂为原料的生物柴油产业发展。开展非粮生物液体燃料示范点建设，稳步发展生物液体燃料，替代车用燃料。

③ 完善生物质能产业发展相关政策

山西省为农业大省，秸秆产量高，而且有大面积需要生态修复、可供种植能源植物的坡地和矿山，具备发展生物质能产业的潜力。山西省生物质能产业的发展离不

开政府合理政策的保障和相关管理体系的建设和完善。因此，要站在战略高度，积极创造条件，采取得力的措施，大力推进生物质能源开发利用和生物质能产业的有序快速发展。科学制定全省生物质产业发展战略和规划。同时，紧密结合产业发展规划实施财税优惠政策，制定产业发展规划实施的配套措施，启动生物质能产业化项目，加大政策支持力度，引导山西省生物质能产业健康有序发展。

山西新能源产业高质量发展路径见表 4-3。

表 4-3　山西新能源产业高质量发展路径

产业类别		产业优势	主要问题	高质量发展路径
新能源产业	风能	1. 山西省风能资源丰富。 2. 山西省风场具有极大风速低，无台风，无盐雾，极端低温高，风沙天气少，电网分布均匀等诸多优势。山西省存在较好的风能开发潜力和价值	1. 弃风现象严重。 2. 风电项目管理水平不高。 3. 风电企业乱象丛生，资质不全	1. 要向新疆、内蒙古等西北风电发展高水平地区进行借鉴。 2. 提高风电场建设水平。 3. 加大可再生能源技术创新研发。 4. 风电机组设计制造、开发建设和运营管理的各个环节要引入智能化、信息化，体现绿色化。 5. 继续做好“新能源＋电动汽车”智慧能源试点，积极探索储能等灵活调节资源促进新能源消纳的新机制
	太阳能	1. 山西全省属于二类、三类资源区，属于日照充足地区，适合光伏发电项目的大规模开发。 2. 省内已建成“三交一直”特高压外送线路，配合电化学储能及抽水蓄能保障新能源电力消纳	1. 山西省的光伏产业大而不强，缺少核心技术。 2. 土地资源掣肘影响发展空间。 3. 电网接入与消纳困难。 4. 光伏行业技术更迭迅速，现有光伏企业的生产设备和技术随时面临被淘汰的风险。 5. 原材料价格波动，产业链价格压力继续传导。 6. 海外市场风险加剧	1. 加强太阳能产业的技术创新突破。发展方向：光伏发电与建筑集成应用；寻求光伏发电分散应用路径；寻求储能技术突破路线。 2. 推动光伏产业智能化建设，实施产业基础再造和产业链提升工程。 3. 推动光伏产业降能耗、提能效。在补链、延链、提链、强链开发生产中，灌注绿色供应链理念。 4. 加大对光伏企业技术改造、研发投入、成果转化等方面的财政支持力度；加快光伏产业集群建设
	地热能	1. 地热能资源相对丰富，分布广，温泉含有氡、氟、硫化氢、硅酸盐等十几种矿物质。 2. 有发展基础，已启动山西省高温地热资源开发利用科研示范基地暨试验电站	1. 地域分布不均衡，集中在少数的几个村落，制约了区内地热资源的开发。 2. 环境污染问题，引起水位下降和地面沉降，破坏了自然景观，对大气、水源、空气造成污染。 3. 制度法规不健全，管理混乱	1. 攻关地热能发电关键技术和成套装备。 2. 地热资源丰富地区组织建设中高温地热能发电工程，鼓励有条件的地方建设中低温和干热岩地热能发电工程，支持地热能发电与其他可再生能源一体化发展。 3. 加大研发投入，建立创新平台，完善人才培养机制。 4. 健全地热资源开发利用的制度政策体系

表 4-3(续)

产业类别		产业优势	主要问题	高质量发展路径
新能源产业	氢能	1. 氢能来源广泛，既有大量的工业副产氢气，又有大量的弃风弃光电、低谷电等可供制氢的存量资源。 2. 山西省市场对新能源需求量也不小，在新能源汽车尤其是氢燃料电池汽车细分领域有优势	1. 氢能产业链不健全，氢气的制备、储存还没有形成规模，加氢站配套不完善，落地项目较少。 2. 尚未形成清晰的政策体系，专项规划以及政策体系缺位。 3. 关键环节自有技术积累较少，关键技术成熟度还不足，缺乏原始创新	1. 加强氢能产业的技术创新突破，大力发展氢气提纯技术，推进可再生能源耦合电解水制氢、煤气化结合CCUS制氢协同发展以及固态储氢、运氢技术，重点突破氢燃料电池、电机系统、控制系统、电驱系统等关键零部件和技术。 2. 加快建立新能源技术研发中心和节能减排技术开发中心，构建“氢能+”产业集群，打造中国“氢源”中心
	生物质能	1. 山西省拥有丰富的生物质能资源。农业生物质资源、森林生物质资源丰富。 2. 山西省有大量不适于粮食生产但可种植高抗逆性能源作物的荒山、荒坡和盐碱地等边际性土地，可获得高产能源作物	1. 开发利用程度明显落后于国内外先进地区。 2. 尚未形成完整的产业链及市场体系。产业发展的配套政策缺位。 3. 关键技术研究相对滞后。山西省生物质能应用技术研究比较薄弱，一些关键技术问题没有解决。 4. 经济效益不足，市场竞争力弱	1. 加快推进生物质综合利用，创新利用方式，支持产业化研发，走能源化和材料化利用并重的道路。 2. 建立生物燃料产业研发中心，加强下一代生物燃料技术开发。 3. 实施生物液体燃料集成利用示范重大工程

山西省的煤炭资源为焦化产业和煤化工提供了较好发展基础，焦炭产能产量长期位于全国首位，煤化工产业基本形成了“肥、醇、炔、苯、油”五条特色主线、优势企业集群和相应的拳头产品，成为山西省工业稳定增长的压舱石，对全省经济社会发展、财政税收、稳定就业发挥了重要作用，是高质量转型发展的重要支撑。山西省能源产业的高质量发展，既要培育新动能，同时也要坚持高端化、智能化、绿色化发展方向，大力推进技术改造和数字化转型，推动传统动能发新芽。山西省的煤炭产业要依靠科技进步，推动煤炭利用走分质分级、能化结合、集成联产、降耗减排的路子。

六、焦化产业高质量发展路径

(一) 焦化产业绿色化发展基础

山西省是我国焦炭第一大省，产量、外调量、出口量均位居全国第一。全省焦化总产能 14 660 万吨，建成焦炉产能 12 061 万吨。全省焦化企业 116 家，74 家规上企业。

全省建成炭化室高度 5.5 米及以上大型机焦炉产能 6 810 万吨，炭化室高度 4.3 米普通机焦炉产能 4 710 万吨；热回收焦炉产能 541 万吨。

山西省焦化产业已经形成了集设计研发、装备制造、建设施工、生产运营、检化验等为一体的焦化工业体系。以常规机焦炉生产高炉炼铁用冶金焦，以热回收焦炉生产铸造用焦，以中低温干馏炉加工低变质煤生产电石、化肥与化工等用焦，做到了对煤炭资源开发利用最广泛、对炼焦煤价值潜力挖掘最充分。

（二）焦化产业生存优势和转型发展方向

1. 山西焦化产业生存优势明显

资源优势。山西省煤炭储量丰富、品种齐全，稀缺煤种储量为全国之最。山西省也是全国最大的焦炭生产基地。炼焦煤储量占我国煤炭总储量的 20%～25%，属于稀缺资源。截至 2020 年年底，全国焦炭产能约 6.34 亿吨，其中山西省焦炭产能约 1.33 亿吨，山西省炼焦精煤产量为2.2 亿吨，占全国精煤产量的 46%。

产业优势。焦炉煤气综合利用、煤焦油深加工、粗苯精制三大产业链发展迅速，目前全省建成焦炉煤气制甲醇项目 19 个，产能 311 万吨/年；建成焦炉煤气制天然气项目 9 个，产能 9.05 亿立方米/年；建成焦炉煤气制合成氨项目 9 个，产能 129 万吨/年；建成煤焦油深加工项目 19 个，产能 544.5 万吨/年；建成粗苯精制项目 8 个，产能 106 万吨/年。焦炉煤气综合利用有城市煤气、工业燃气、焦炉煤气发电，或作为工业原料生产合成氨尿素、甲醇，提氢用于苯加氢精制，焦炉煤气合成天然气等方面。

2. 山西焦化产业绿色化发展机遇与方向

绿色化发展给山西焦化产业带了新的发展机遇：

① 深化供给侧结构性改革。结合环境治理化解过剩产能，优化产业布局和产业结构；积极推动行业资产整合，通过企业兼并重组，提高产业集中度，加强集约化发展；建立与相关产业相互融合的新业态，利用现有装备和产能，发挥焦炉的干馏分质功能和能源转换效率高的优势，开拓焦炭、焦炉煤气、煤焦油深加工产品应用的新领域，实现与现代煤化工、冶金、化肥、石化、建材等行业的深度产业融合。

② 推进产业转型升级发展。利用产业绿色化发展机遇，有效地激发生产要素的内生动力，推进企业安全、环保和综合效益再上新台阶。以全流程系统优化为抓手，以科技创新、商业模式创新补齐焦化行业高效运行的短板，通过焦化示范企业引领，全面提升行业科学化、规范化、标准化管理水平，提高可持续发展能力。

③ 加强关键技术、工艺、装备研发和推广应用。有效降低能耗、物耗、水耗和污染物排放量，重点提高余热回收利用、水循环利用、固废资源化利用效率，更加注重源头控制、过程管理和末端治理的有机结合。适应高炉大型化，加强高炉用焦特质研

究、炼焦用煤研究，尤其要从可持续发展角度研究焦炭质量提高对炼焦煤资源的需求等问题。充分发挥国家级、省级、市级技术中心、实验室、示范企业的行业引领作用、示范作用，坚持产学研相结合的创新机制，切实解决行业企业生存发展中的关键技术及配套装备难题。

推动焦化产业向绿色化、服务化、规范化、智能化方向发展：

① 绿色化。在国家深化产业结构调整、实现炼焦行业生态绿色发展政策的引领下，煤焦化行业进入关键发展期。焦化行业将以习近平生态文明思想为指引，全面贯彻落实党中央、国务院的决策部署，坚持新发展理念，以生态环境保护，倒逼产业转型，以提质升级，推动能源革命，进一步优化结构与布局，加速产能的优胜劣汰与整合，加快企业退城入园，推动产业规模集聚，延伸产业链条，提升装备水平，努力实现高质量发展。

② 服务化。煤焦化行业企业必须在为钢铁与相关产业发展服务中找准位置。实现传统炼焦业与现代化工相结合协调发展的新格局，构建绿色焦化。发挥炼焦干馏工艺是对煤最成熟的热解手段的优势，实现对煤炭资源的分级提质，走与现代化工发展融合之路。依靠科技进步与创新，促进煤焦化行业由传统煤焦化工向为现代煤化工提供“优质碳源”、低价“氢源”、多种“油源”、“碳基新材料”等转变，以全面提升煤焦化行业的竞争力和生存发展空间。

③ 规范化。山西省焦化产业整体将立足当前，推动行业实现规范化、标准化、法治化管理，着眼长远，以全面推进焦化产业园区化、链条化、绿色化、高端化发展为目标，通过一系列政策措施积极推进行业升级改造，实现绿色发展。建立焦化行业规范化标准体系，推动焦化企业生产管理水平的提升。

④ 智能化。促进焦化行业“企业上云”，引导支持焦化企业打造数字车间、职能工厂，提升企业关键工序数控化率，以“智能＋”“互联网＋”为焦化产业发展赋能，推动焦化行业降本增效，实现发展质量变革、效率变革、动力变革。

3. 推进焦化产业工作举措与路径设计

(1) 守住生存线，筑牢焦化产业发展根基

① 环保压力大，节能减排任务艰巨。炼焦工艺的污染源主要分为两大类型：一是面污染源；二是点污染源。其中，面污染源主要包括备煤系统（如储煤仓等）、焦炉以及相关的净化煤气的系统；点污染源主要包括锅炉烟囱、焦炉烟囱及熄焦塔等设备。焦化行业污染物主要有焦炉烟气，主要组分有荒煤气、粉尘、颗粒物。焦化废水含有高浓度苯环有机物，成分复杂，而且还含有高浓度的 NH_3-N，COD，是典型的难处理工业废水。

措施建议：国家层面，加大环境检查执法力度，严格立法、执法和司法过程，将焦化产业作为重点管控对象。产业层面，淘汰炉龄较长、环保措施不完善的焦炉。加大技术创新力度，主要集中于焦炉烟气脱硫脱硝技术、干法脱硫灰处置技术、焦化废水

零排放技术、挥发性有机物处理技术、脱硫废液去向及解决方案等方面。企业层面，焦化企业全部达到环保特别排放限值标准，提高新建焦化项目标准。

② 产业集中度较低，布局分散。煤、焦、钢产业链融合还没有形成利益和责任的共同体，资源、产品和物流的高效配置不尽合理，焦化产业集中度明显低于上游焦煤、下游钢铁，导致其议价能力低于上下游；资源配置及产业布局不合理，独立焦化企业的占比较大，集中度不高，不利于焦化企业余热、余能的回收利用（干熄焦），不利于焦炉烟囱废气氮氧化物的控制，不利于资源的综合利用及焦化产品的深加工。截至2021年5月，4.3米焦炉仍占据总产能40%以上。

措施建议：尽快加快行业企业并购、产业重组，推动焦化行业“整合”全省焦化产业，通过产能置换、联合重组等方式，进一步控制焦炭总产能，现有产能进一步向重点园区和优势企业集中，形成以重点园区为载体、优势企业为龙头的产业格局。各类焦化企业和园区坚持稳焦兴化，采用先进技术和装备发展下游化工产品，实现煤气、焦油、粗苯的高效利用，延伸产业链，提高产品附加值。坚持化产就地集中转化，减少危险化学品长距离运输存在的重大安全隐患。

③ 产业链短，行业整体装备水平不高。焦化过程中副产的煤焦油、焦炉煤气深加工工艺及装置相对落后，多数企业只进行简单的初级加工。焦化行业技术装备水平低，主要表现在两个方面：一是生产技术装备水平低，落后生产技术在焦化产业中仍占较大比重，“只焦少化不化”现象严重，煤焦油及苯类等化学产品回收率低，焦炉煤气大量排空；二是污染控制技术装备落后，装煤出焦烟尘回收处理率、烟气脱硫脱氮处理率、污水深度处理与回用率普遍偏低。

措施建议：稳步推进焦化企业超低排放改造，提升装备水平，延伸产业链条。要加大政策支持力度，做好顶层设计，切实加强调控引导；实施创新工程，构建技术研发平台与创新体系。要开展关键技术与装备攻关，提高装备现代化、自动化、信息化水平。要按照循环经济发展理念，研究制定焦化产业上、中、下游一体化发展建设专项规划，建立完善的循环经济发展模式。

(2) 拓展发展线，力争达到焦化产业先进水平

合理平衡淘汰焦炉和新建焦炉产能，实现低碳发展。制定严格的准入条件及污染物控制标准，将化解过剩产能和淘汰落后产能相结合，逐步淘汰炉龄较长、环保措施不完善的4.3米及以下焦炉。严格控制属地焦化产业规模，科学规划属地焦化产业布局，利用环保、能耗标准倒逼和市场化手段，合理平衡淘汰焦炉产能量与新建焦化项目产能量，确保先进焦炉占比快速提升，污染排放总量大幅度降低。

延伸焦化下游产业链，实现全产业链发展。在炼焦煤全生命周期内，努力追求煤、焦、钢的系统优化配置和高性价比，实现协调可持续发展。对焦炉气、煤焦油、粗苯等炼焦化产品集中精深加工，鼓励二次、多次深加工技术。促进焦化行业现有化工初级产品向下游产品、精细化工产品、新型化工材料方向延伸，与石油化工、生物化工

有机结合，提高产品附加值。有序推进氢能发展利用，发挥焦炉煤气富氢特性，并在产业发展方面给予政策引导和支持。

推进焦化行业超低排放，实现绿色发展。不断提高设备装备水平和污染防治技术水平，有效减少污染物排放，推动焦化产业的绿色发展和转型升级，实现超低排放；制定焦化行业污染防治技术指南并实时更新，及时推广先进炼焦技术和污染防治技术；进一步加强行业关键技术、工艺、装备研发和推广应用。有效降低能耗、物耗、水耗和污染物排放量，重点提高余热回收利用、水循环利用、固废资源化利用效率，更加注重源头控制、过程管理和末端治理的有机结合。

(3) 加大焦化产业政策扶持力度

鼓励重点焦化企业与煤炭企业建立长期战略合作关系，确保焦化生产要素得到有效保障。加大协调力度，确保重点焦化企业对铁路和公路的运力要求。对兼并重组主体企业新建项目特别是对化产集中加工企业，各级政府在用地计划、周转计划等方面给予政策倾斜，同时对焦化产能置换大项目建设给予贴息资金支持，努力为焦化企业的发展创造良好政务环境。山西焦化产业高质量发展路径见表4-4。

表4-4　山西焦化产业高质量发展路径

产业优势	主要问题	高质量发展路径
1. 资源优势。山西省煤炭储量丰富、品种齐全，稀缺煤种储量全国之最，也是全国最大的焦炭生产基地。 2. 设备优势。全省建成炭化室高度5.5米及以上大型机焦炉产能6 810万吨；炭化室高度4.3米普通机焦炉产能4 710万吨；热回收焦炉产能541万吨。山西省新建及原有的常规机焦炉都配套完整的化产回收、脱硫、污水处理等装置，焦炉装备水平高于其他省份。 3. 产业优势。焦炉煤气综合利用、煤焦油深加工、粗苯精制三大产业链发展迅速	1. 环保压力大，节能减排任务艰巨。焦炉煤气和焦化废水处理困难。 2. 产业集中度较低，布局分散。煤、焦、钢产业链融合还没有形成利益和责任的共同体；资源配置及产业布局不合理，独立焦化企业的占比较大，集中度不高，不利于焦化企业余热、余能的回收利用等。 3. 产业链短，行业整体装备水平不高。焦化过程中副产的煤焦油、焦炉煤气深加工工艺及装置相对落后，多数企业只进行简单的初级加工	1. 合理平衡淘汰焦炉和新建焦炉产能，实现低碳发展。严格控制属地焦化产业规模，科学规划属地焦化产业布局。 2. 延伸焦化下游产业链，实现全产业链发展，追求煤、焦、钢的系统优化配置和高性价比，实现协调可持续发展。 3. 推进焦化行业超低排放，实现绿色发展。 4. 政策扶持方面：对兼并重组主体企业新建项目特别是对化产集中加工企业，各级政府在用地计划、周转计划等方面给予政策倾斜，同时对焦化产能置换大项目建设给予贴息资金支持，努力为焦化企业的发展创造良好政务环境。加大协调力度，确保重点焦化企业对铁路和公路的运力要求

七、现代煤化工产业存在主要问题与路径设计

（一）现代煤化工产业绿色化发展基础

2020 年，山西省煤化工产业规模以上企业 358 家，规上企业营业收入 806.6 亿元。煤化工主要产品有尿素、聚氯乙烯、甲醇、煤制油品（含化学品）、乙二醇、己内酰胺等，产能分别为 1 000 万吨、130 万吨、660 万吨（其中焦炉煤气制甲醇占 47%）、176 万吨、70 万吨、44 万吨。

产业集群逐步形成。山西省煤化工产业依托资源、能源、区位和技术等优势，逐渐显现出向大型企业和资源集中地发展的趋势。晋城、长治地区以晋能控股装备制造集团、潞安化工集团为核心，形成以煤制油、乙二醇、甲醇、甲醇制油为主的现代煤化工产业集群；太原、临汾、晋中、吕梁等地区形成焦化产品深加工产业集群，山西美锦能源、山西阳光焦化集团、安泰集团、鹏飞集团实现了焦炉煤气高附加值利用、煤焦油深加工、粗苯加氢及精制利用；大同、朔州地区依托丰富的低阶煤资源，形成低阶煤分质分级利用产业集群，开展低阶煤分质分级利用试点，探索新型煤炭利用方式。

技术装备水平明显提高。煤气化方面，全行业积极引进航天炉、壳牌炉、GSP 炉以及自主开发的晋华炉等大型先进煤气化技术装备，均属于国内领先水平。开发晋华炉水煤浆水冷壁气化工艺技术，在全国新增气化炉市场占有率最高；晋能控股装备制造集团与航天六院合作，针对无烟块煤研发晋航炉，目前已完成 168 小时工业试验。潞安化工集团建成国内第一个间接液化法煤基合成油示范工厂。精细化工方面，煤焦油深加工制中间相碳微球、改制沥青等实现产业化，粗苯精制生产己内酰胺，向尼龙 6、工业长丝及短丝方向延伸。

创新平台架构逐步完善。山西省聚集了中国科学院山西煤化所、太原理工大学、赛鼎工程、阳煤化机等一大批国内知名的煤化工专业机构。拥有煤转化国家重点实验室等 4 个国家级创新平台，天脊煤化工集团股份有限公司技术中心等 8 个国家级企业技术中心以及 32 个省级企业技术中心，山西省煤化工研究生教育创新中心等 4 个研究生教育创新中心，山西省焦化产业联盟等省级行业联盟 2 个，涵盖化工行业主要领域。依托潞安化工集团、山西潞宝集团、山西沃能化工科技有限公司、兰花科创等龙头企业，先后掌握了水煤浆水冷壁气化工艺技术、高温浆态床煤炭间接液化成套技术等一批自主核心技术，聚烯烃弹性体技术取得重大突破。先进产品主要有乙二醇，现有产能 70 万吨，占全国的 4.5%。己内酰胺，现有产能 44 万吨，占全国的 10.2%。另外，还有高密度航空煤油、单烷烃/异构烷烃等煤基合成特种溶剂、重负荷柴油机油等一批高附加值煤化工产品。

（二）现代煤化工产业生存优势和转型发展方向

1. 山西现代煤化工产业生存优势明显

资源优势强。山西省具有优质的煤炭资源、焦炭资源、相对低廉的煤价和电

价，具有转化为煤化工产品竞争优势的潜力。山西省煤炭储量大、品种全、品质优，煤层气储量丰富。良好的资源条件为山西省发展煤化工奠定了坚实的基础。晋城、潞安、阳泉等地的无烟煤资源是煤炭气化的优质原料，通过煤炭气化可生产合成氨、尿素、甲醇及其下游有机化工产品。山西省又是国内最大的焦煤基地，焦煤资源探明储量 1 400 亿吨，占全国的 57%。焦炉煤气、粗苯、煤焦油等丰富的副产品为生产尿素、甲醇和苯加工、煤焦油深加工提供了原料。资源的优势还表现为原料价格相对低廉。

良好的产业基础。经过多年发展，山西省已基本形成了“肥、醇、炔、苯、油”五条煤化工特色主线、优势企业集群和相应的拳头产品，创新能力和装备水平有了较大提高，产业竞争力明显增强。培育了以潞安、天脊、山焦、太化等为核心的大型企业集团。随着新工艺、新技术和新装备的大规模引进，山西省煤化工产业的竞争力得到了进一步增强。

逐渐形成产业集群。山西省区域煤化工产业集群正逐步形成。依托资源、能源、区位和技术等优势，山西省煤化工产业初步形成了区域性集中联片发展的特色煤化工集群，有利于统一配置公用设施，集中处理“三废”，推进资源的循环利用和清洁生产。

“十四五”期间，山西省着力推动煤化工产业聚焦提质降耗增效，促进其向绿色化、智能化方向发展。继续推动已建成的现代煤化工工厂优化完善，实现满负荷条件下的连续、稳定、安全、清洁生产运行，降低生产成本，提高生产运行管理水平，积极改善生产经济性。一是加快煤化工技术升级改造，调整优化产品结构，推进现代煤化工产业走高端化、市场化、差异化、环境友好型的路子。二是加快突破适合山西省煤种的新型煤气化、煤炭分质分级梯级利用等关键共性技术，聚焦精细化学品和煤制乙二醇两大方向，重点培育高端工程塑料、膜切片、高性能聚氨酯弹性体、包装薄膜、煤基己二腈、碳酸二甲酯等拳头产品。运用智能化、工业物联网技术和高级分析工具，深入分析、加大力度管控现代煤化工生产过程，进一步提高工厂运行效率，提升核心技术指标，提高目标产品收率，降低能耗、水耗和污染物排放。

2. 推进现代煤化工产业工作举措与路径设计

(1) 守住生存线，筑牢煤化工产业发展根基

① 水资源不足。人均水资源不足全国平均水平的 20%，水资源问题成为制约山西省煤化工发展的重要因素。

措施建议：国家层面，要坚持“靠近原料、靠近市场、进入化工园区”的基本原则，按照“量力而行、量水而行、量环境承载能力而行”的布局要求使现代煤化工的发展在总量上得到合理控制，在布局上更加合理。对水资源进行统一管理、统一规划，加强保护，合理开发利用，并坚持开源与节流并重的原则，合理配置水资源。依水建厂，量水定产，科学规划工业园区，加大地表水和边界水的开发力度，使有限的水资源得到

充分利用。产业层面，加大节约用水管理力度，加强水资源的统一管理和合理配置，坚持“开源与节流”并重的原则，努力提高水资源的利用效率和效益。对企业下达计划用水指标，实行计量考核。对新建、改建、扩建的建设项目，要大力推广节约用水新技术、新工艺，努力提高工业用水的重复利用率。企业层面，一方面必须引进国内外最先进的技术和设备，减少用水量，提高水的利用率；另一方面必须在园区或企业内部建设污水处理设施和中水回用管网，建立用水闭路循环系统，实现企业厂际串联用水，减少污水排放量，实现污水资源化。

② 节能减排任务艰巨。山西省万元经济增长率产值能耗高于全国平均水平，全省二氧化硫和烟尘污染物负荷高于全国平均水平。

措施建议：通过前瞻性和变革性技术，提高煤、水利用率，进一步降低碳排放，实现二氧化碳高效转化利用。具体为采用先进清洁的生产技术，如洁净煤气化技术、大型空分技术、高效净化技术、高效精馏技术等；采用高效的公用工程配置；排放废物尽量资源化；加强项目和生产管理，生产装置实现安、稳、长、满、优稳定运行。

③ 现代煤化工占比极小。山西省除煤（包括焦炉煤气）制甲醇外，在役的现代煤化工只有煤制油以及焦炉煤气制天然气，除煤制油占国内在役产量超过10%外，其他不足1%，且品种少。

措施建议：以提升产业基础能力与延长产业链条为重点，加快煤化工技术升级改造，调整优化产品结构，推进现代煤化工产业走高端化、市场化、差异化、环境友好型的路子。

④ 周边省区便宜煤的威胁。山西省是煤炭老产区，相较新疆、内蒙古、陕西，采煤成本较高，煤价较贵，治理产区生态环境也增加了成本，从而降低了煤化工产品的竞争力。

措施建议：加快突破适合山西省煤种的新型煤气化、煤炭分质分级梯级利用等关键共性技术；加大对煤化工产业新产品、新技术的开发和扶持力度，吸收先进技术，优化改造山西省煤化工产业，最大限度地降低煤化工产品的生产成本。同时，培育和打造知名品牌，以知名品牌占据市场。

(2) 拓展发展线，力争达到煤化工产业先进水平

煤化工产业潜力巨大、大有前途，要打破煤炭的消费模式的习惯性供求关系，建立基于煤质匹配的合理性供求关系，要提高煤炭作为化工原料的综合利用效能，促进煤化工产业高端化、多元化、低碳化发展，把加强科技创新作为最紧迫任务，加快核心技术攻关，积极发展煤基特种燃料、煤基生物可降解材料等。

把握市场走向，建设高端煤化工产业园。重点规划和建设有发展潜力的煤化工项目，向大型化、智能化、服务化和绿色化方向发展。通过大规模、多联产实现煤化工过程的低碳转化，同时解决效益、效率和环境问题。

加快新技术研发，占领产业新技术制高点。主要有：大型“三高”及劣质煤气

化技术；低阶煤分质及分质转化技术；半焦气化、煤制乙醇、低碳混合醇技术；煤制芳烃技术；低碳烃-CO_2 重整技术；气化煤气和焦炉气共制合成气多联产系统、气化焦生产技术；热化学熄焦技术、以劣质煤替代焦煤及无烟煤等稀缺煤种的应用技术等。这些技术目前国内外尚无工业化运行装置，而在省内实验室已有较好的研究基础，拥有自主知识产权，大力推进可率先占领制高点，增强可持续发展能力。

推动甲醇经济发展，蹚出绿色转型之路。甲醇被认为是后石油时代最具可行性的平台化合物。在基础化工原料方面，甲醇通过定向催化转化可以合成有机化工最重要的基础化学品“三苯三烯”，通过三苯三烯进一步的加工可合成任何石油基有机化学品。在精细化工方面，甲醇可用于制造氯甲烷、甲醛、甲胺和硫酸二甲酯等多种有机产品，也是农药（杀虫剂、杀螨剂）、医药（磺胺类、合霉素等）以及合成对苯二甲酸二甲酯、甲基丙烯酸甲酯和丙烯酸甲酯的原料。甲醇还可用于合成甲醇蛋白，与天然蛋白相比，甲醇蛋白营养价值更高，粗蛋白含量比鱼粉和大豆高得多，而且含有丰富的氨基酸、矿物质和维生素，可以代替鱼粉、大豆、骨粉、肉类和脱脂奶粉。目前，甲醇燃料已在很多城市机关单位、餐饮业和民用灶具、取暖锅炉中得到应用，部分地区的建材烧制窑炉、烟草烤制窑炉、玻璃烧制窑炉、蔬菜大棚取暖等也采用甲醇作为燃料。历经近 50 年的发展和应用，甲醇燃料无论是生产技术、生产装备还是应用技术，在我国都已具有完全的知识产权和成熟的技术体系，具备将甲醇纳入大规模替代石油、实现碳基燃料清洁利用，推动相关产业转型升级的条件。甲醇作为内燃机燃料的一大优势是生产地域分散，抗攻击能力强，在战争状态下保障性更强。甲醇可通过回收自然界或者工业二氧化碳，比如火力发电厂烟道气来制备。发展甲醇经济可以成为实现碳达峰、碳中和的重要抓手，并带动上万亿地区生产总值的产业发展，涉及多个“六新”产业及技术突破。

(3) 加大煤化工产业政策扶持力度

一是争取国家层面更大的支持，制定差异化的产业政策。积极呼吁加快制定和出台针对性税收政策。推进天然气定价机制市场化改革，打破天然气管道运输运营垄断。争取将现代煤化工纳入国家科技重大工程计划，加强重大技术攻关和集成优化。二是环保政策方面，加快现代煤化工行业环保标准制定，规范现代煤化工建设项目环境管理。帮助资源综合利用企业用好税收优惠政策，引导污染较重的煤化工企业大力发展循环经济，提高资源利用效率。三是金融政策方面，拓宽企业融资渠道，搭建金融机构与企业对接平台，积极推进现代煤化工企业实施免抵押信用贷款、优先贷款、贴息贷款、定向债券等融资优惠政策。设立现代煤化工产业发展基金，专项支持技术、设备研发和示范工程建设。山西现代煤化工产业高质量发展路径见表 4-5。

表 4-5 山西现代煤化工产业高质量发展路径

产业优势	主要问题	高质量发展路径
1. 资源优势强。山西省具有优质的煤炭资源、焦炭资源、相对低廉的煤价和电价，具有转化为煤化工产品竞争优势的潜力。 2. 良好的产业基础。经过多年发展，山西省已基本形成了“肥、醇、炔、苯、油”五条煤化工特色主线、优势企业集群和相应的拳头产品，创新能力和装备水平有了较大提高，产业竞争力明显增强。 3. 逐渐形成产业集群。山西省区域煤化工产业集群正逐步形成	1. 水资源不足。人均水资源不足全国平均水平的20%，水资源问题成为制约山西省发展煤化工的重要因素。 2. 节能减排任务艰巨。万元经济增长率产值能耗及二氧化硫和烟尘污染物负荷均高于全国平均水平。 3. 现代煤化工占比极小。山西省除煤(包括焦炉煤气)制甲醇外，在役的现代煤化工除煤制油占国内在役产量超过10%外，其他不足1%，且品种少。 4. 周边省份便宜煤的威胁降低了煤化工产品的竞争力	1. 要提高煤炭作为化工原料的综合利用效能，促进煤化工产业高端化、多元化、低碳化发展。 2. 把握市场走向，建设高端煤化工产业园。重点规划和建设有发展潜力的煤化工项目，向大型化、智能化、服务化和绿色化方向发展。 3. 加快新技术研发，占领产业新技术制高点。主要有：大型“三高”及劣质煤气化技术；低阶煤分质及分质转化技术；半焦气化、煤制乙醇、低碳混合醇技术；煤制芳烃技术；低碳烃-CO_2重整技术；气化煤气和焦炉气共制合成气多联产系统、气化焦生产技术；热化学熄焦技术、以劣质煤替代焦煤及无烟煤等稀缺煤种的应用技术等。 4. 推动甲醇经济发展，蹚出绿色转型之路。 5. 政策扶持方面争取国家层面更大的支持，制定差异化的产业政策。争取将现代煤化工纳入国家科技重大工程计划，加强重大技术攻关和集成优化。加快现代煤化工行业环保标准制定，规范现代煤化工建设项目环境管理。帮助资源综合利用企业用好税收优惠政策，引导污染较重的煤化工企业大力发展循环经济，提高资源利用效率。出台煤化工产业优惠政策。设立现代煤化工产业发展基金，专项支持技术、设备研发和示范工程建设

第三节 节能减排工程

一、新能源汽车产业高质量发展路径

近年来，山西省汽车产业发展较快，产业规模稳步壮大，技术水平不断提升，产品门类逐渐齐全。目前全省汽车产业领域有230余家企业，其中，重型汽车整车企业2家、乘用车企业3家、新能源汽车企业7家、专用车企业16家、零部件企业30余家。新能源汽车产业在全省装备制造业中比重不断提升，逐步成为推动全省工业经济转型升级的重要力量。

（一）新能源汽车产业转型发展基础

山西省在“十三五”期间坚持开放性调整，引进战略投资，重组并购，内联外合，新能源汽车产业规模稳步增长，呈现出一批骨干企业技术水平明显提高、创新能力不断提升、基础设施逐步完善的良好态势，形成了以纯电动汽车、燃料电池汽车、燃气汽车和甲醇汽车为主的新能源汽车产业格局。晋中市的山西新能源汽车工业有限公司生产纯电动轿车、公交车、物流车和甲醇轿车；太原市的山西德志时代新能源汽车有限公司、江铃重型汽车有限公司生产氢燃料重卡。

骨干企业不断涌现，整车生产企业包括山西新能源汽车工业有限公司、大运汽车、江铃重汽、成功汽车、山西德志时代，专用车企业有山西东华、中航兰田、山西惠丰、山西互通、山西航天清华、山西伟鼎实业有限公司等；配套零部件企业包括大齿集团、山西华翔、山西清慧胜凯、山西汤荣、山西汉通鑫宇，均在各自领域取得了不错的成绩。

随着大运重卡生产项目、吉利山西新能源汽车项目、重型汽车变速箱项目等一批重点项目相继建成投产，山西汽车产业技术创新能力得到提升，部分核心技术国内领先。同时，山西省高度重视氢能和燃料电池汽车产业发展，目前已具备氢能、燃料电池、燃料电池汽车及示范运营等较完整的产业配套要素，逐渐成为山西省汽车产业突破性发展的战略入口。

截至 2020 年年底，全省机动车保有量约 800 万辆，新能源汽车上牌总量约为 12 万辆，占 1.5%，与全国平均水平持平。全省共有汽车及零部件生产企业百余家，包括整车生产企业 5 家，已批复产能 31 万辆。2020 年，全省汽车工业总产值(按 18 家重点企业统计)262.6 亿元，工业增加值 32.4 亿元，利润 9.4 亿元。

(二) 新能源汽车产业生存优势和转型发展方向

1. 山西新能源汽车产业生存优势明显

(1) 政策优势。自 2015 年以来山西省陆续出台《关于加快推进电动汽车产业发展和推广应用的实施意见》《新能源汽车营销补助资金管理办法》《山西省汽车中长期发展规划》《山西省新能源汽车产业 2019 年行动计划》《山西省汽车工业调整振兴实施方案》《加快推进甲醇汽车产业发展和全省域推广应用的实施方案》等政策，推进了新能源汽车产业持续快速发展，设立产业发展基金，纳入政府采购目录，实施停车费减免，制定用能优惠政策，完善配套设施建设，推进产业协作发展，对券商新能源汽车产业进行了科学布局。

(2) 全省汽车产业产品结构不断优化。重型汽车市场形成了运城市、太原市、大同市南、中、北呼应的生产格局；乘用车领域以轿车、交叉型乘用车和多用途乘用车等产品为主；新能源汽车产品不断丰富，形成了覆盖纯电动物流车、纯电动乘用车、纯电动客车、纯电动重卡、氢燃料电池重卡等产品系列；专用车产品覆盖运输车、自卸车、环卫车、市政工程车、混装炸药车等品种；汽车零部件产业逐步完善，产品覆盖电池、电机、电控、变速箱、发动机齿轮、汽车铸件、液压件等，初步形成了北、中、南协同发展的产业集聚区。

(3) 资源优势。山西省是全国最大的煤、焦生产基地，是全国煤层气资源开发利用程度最高的地区。山西省的煤化工产业、煤层气资源以及电能供应能力具有得天独厚的资源优势。山西省具有丰富的氢能资源，有副产氢、煤气化制氢和新能源电力电解水制氢。山西省以大同市为代表的晋北地区有丰富的太阳能和风能，长治市的风能也很丰富，光伏发电和风力发电已具有一定规模。建立了以电动汽车、甲醇汽车、燃气汽车、燃料电池汽车四种新能源汽车共同发展的模式，符合山西省的资源条件。

(4) 交通运输大省优势。山西省是交通运输业务大省，有大量物流运输企业使用重卡，是重卡、牵引车的大市场，也是节能减排的重点领域，具有重卡转氢的优势。

2. 山西新能源汽车产业转型发展机遇与方向

高质量要求为汽车产业发展指明了未来方向。2020 年 5 月，习近平总书记在视察山西时提出了“六新”重要指示。2019 年 12 月，时任省委书记楼阳生在省委经济工作会议上提出了山西省经济“四为四高两同步”的总体思路和要求。这都为山西省汽车产业的蓬勃发展带来了重要的战略机遇。可以预见，未来几年，山西省汽车产业将进入高质量发展期，在全省装备制造业中比重也将不断提升，并逐步成为推动全省工业经济转型升级的重要力量。

产业生态重塑为新能源汽车发展提供了极佳环境。面对汽车工业发展带来的环境和能源问题，全球汽车产业生态正在重塑，新能源汽车成为汽车产业转型发展的主要方向和推动世界经济持续增长的重要引擎。当前全球新一轮科技革命和产业变革蓬勃发展，汽车与能源、交通、信息通信等领域有关技术加速融合，电动化、网联化、智能化、共享化成为汽车产业的发展潮流和趋势。新能源汽车融汇新能源、新材料和互联网、大数据、人工智能等多种变革性技术，推动汽车从单纯交通工具向移动智能终端、储能单元和数字空间转变。我国的新能源汽车产业经过十几年的发展，产业技术水平显著提升、产业体系日趋完善、企业竞争力大幅增强，2015 年以来产销量、保有量一直居世界首位，基础设施建设也取得了良好的进展，当前已进入完全市场化和高质量发展攻坚期。作为能源大省的山西，转化煤电能源优势，全力发展新能源汽车产业，不失为转变发展方式、优化经济结构、转换增长动力的重要路径。

巨大市场需求为汽车产业发展提供了重要保障。汽车产业是国民经济重要的支柱产业，产业链长、关联度高、带动性强，对消费拉动大。中国作为全球汽车第一大市场，已经连续十年蝉联全球汽车销量榜首。目前虽然受宏观经济增速回落、中美贸易战、消费信心以及购置税优惠政策全面退出等因素的影响，汽车销量暂时出现下滑，但我国作为全球第二大经济体，潜力巨大、层次丰富的市场需求将为汽车产业的发展提供持续动力和发展空间。国内经济的稳定增长能够释放出巨大的需求潜力，不断提高的居民收入将促进消费结构快速升级，公民日益增长的环保理念、消费态度和生活方式的改变，以及新型工业化和城镇化的加快推进将带来商用车和专用车的大量需求。

碳达峰和碳中和目标为新能源汽车提供重要机遇。我国提出到2030年“碳达峰”、2060年“碳中和”的时间表。发展新能源汽车已经上升为国家战略，碳达峰、碳中和为新能源汽车发展提供新机遇。国务院办公厅印发的《新能源汽车产业发展规划(2021—2035年)》指出，到2025年我国新能源汽车在动力电池、驱动电机、车用操作系统等关键技术领域取得重大突破，新能源汽车新车销售量达到汽车新车销售总量的20%左右，充换电服务便利性显著提高。中国汽车工程学会发布的《节能与新能源汽车技术路线图2.0》，进一步确认了汽车技术“低碳化、信息化、智能化”的发展方向，提出了我国汽车产业碳排放于2028年先于国家碳减排承诺提前达峰，2035年碳排放总量较峰值下降20%以上。随着一系列国家规划和政策的出台，新能源汽车产业获得了重要的发展机遇。

3. 新能源汽车产业转型升级的路径设计

(1) 守住生存线，筑牢新能源汽车产业发展根基

① 产业发展速度慢，效益不高。主要存在产业发展战略不明朗、引导政策缺乏连续性、产业布局同质化严重、科技创新引领作用待提升、消费端多样化政策不足、政策落地速度有待提升等问题。同时，还存在新能源汽车关键零部件、充换电站、加氢站、汽车大数据平台等产业链结构不完善等瓶颈问题。

措施建议：完善创新体系。坚持政府引导、市场主导、企业主体，积极构建以企业为主体、市场为导向、产学研用相结合的技术创新体系。突破产业技术短板，对照世界最先进水平和培育世界级产业集群目标，推动整车企业、高等院校、科研院所、关键零部件企业加强合作，组成若干产业技术创新联盟，共同突破产业链上的关键技术、汽车电子(核心芯片组件、传感器等)、生产设备、零部件、原材料、人才、政策等方面的突出短板。

鼓励企业与高校、重点实验室建立联合研发攻关机制，聚焦核心工艺、专用材料、关键零部件、制造装备等关键共性技术。引导汽车、能源、交通、信息通信等跨领域合作，建立适应未来发展趋势的新能源汽车与智慧能源、智能交通融合的创新平台。坚持把增强创新能力作为提高产业竞争力的中心环节，强化企业在技术创新中的主体地位，支持山西新能源、大运汽车、成功汽车等骨干企业建立高水平的技术中心和工程技术研究中心。

着力推动全省汽车产业技术创新体系和公共技术平台建设，统筹建立政府部门、企业、科研院所、检测机构之间分工明确、相互支撑的研发机制，推进公共技术服务平台建设。积极推动全省汽车产业创新要素的整合集成。

② 缺乏龙头带动型企业，产品竞争力不足。因缺乏龙头企业的统筹与引领，产业各环节间未能融洽协作，发展力量分散不聚集，产业内动力电池、燃料电池、充电基础设施等各环节发展不均衡，导致产业整体实力不强，突出表现为整车生产成本高、产品技术附加值不高、产品品牌效应不足、服务生态不完善、产业配套体系不完善等

问题。

措施建议:培育和引进领军企业。引导鼓励省内整车及零部件生产企业立足自身优势,适应市场需求变化,加大新能源汽车创新力度,打造具有较强创新能力和国内外影响力的领军企业。重点培育晋煤集团、国新能源、潞安集团、大运汽车、吉利晋中基地、江铃重型优质企业,打造行业领军企业。围绕氢能生产、液氢储运和加注等领域,引进一批具有较强带动能力的领军企业。

领军企业资本运营模式。鼓励领军企业通过联合、并购和品牌经营等现代方式,对其上下游配套企业进行重组、改造,逐步衍生或吸引更多具有相关配套条件的企业集聚,与领军企业形成专业化分工、配套化生产的格局。鼓励领军企业通过兼并重组联合、争取国家重大项目布局等方式,加快纵向延伸、横向联合、跨越发展。支持领军企业在境内外资本市场上市,以市场为导向开展联合重组。

领军企业创新发展模式。引导领军企业加强与高校、科研院所的产学研合作交流,鼓励支持企业通过委托开发和联合开发、共建研发机构,建立长效机制,加快创新成果转化和新技术的引进、消化、吸收、创新。支持领军企业申请国家、省、市三级重大专项课题和省级技术改造专项资金等各类政策支持项目,对领军企业在研发平台建设、重大技术攻关应用、高端人才引进培育、创新政策落实、产学研合作、知识产权管理等方面给予优先支持和服务。

③ 专业技术人才不足。山西省本地汽车领域的人才培养方面,本科及以上的高层次骨干人才培养和输出不足。在人才和智力引进方面,主要集中于聚焦于高精尖的科技型人才的引进,缺乏对中高级技术型人才和蓝领人才的鼓励政策,落户、免个税、安家费、补贴等柔性引才优惠政策力度不足。这导致人才结构与产业发展失衡,整个产业呈现出中层人才缺乏的现象,为产业研发推进带来了困难。

措施建议:搭建校企合作平台。按照聚集人才资源、激活创新要素的原则,鼓励省内汽车重点骨干企业、产业联盟、协会与高校、科研机构加强技术交流和深度合作,促进产教深度融合。支持大专院校和职业学校开设与新能源汽车及专用车产业发展相关的各类专业,加快培养一批专业技术人才、管理人才和专业工匠。

加大引进人才力度。加强对山西省汽车人才队伍的统筹规划,支持企业采取更为开放灵活的人才引进和使用机制,通过顾问指导、兼职服务、“候鸟式”聘任等方式,加大“两院”院士、“国家重点人才培育计划”等高端管理人才、技术人才的引进力度。鼓励企业推进实施技术股、管理股等激励机制,加速技术资本化进程,激发人才创造活力。加强与海内外优秀企业、研发机构合作,积极引进拥有自主知识产权、掌握核心技术、具有国际影响力的高端领军人才和研发团队。

推进培育人才计划。围绕山西省重点发展的新能源汽车产业,依托国内外和省内高校、科研院所、优势企业技术中心,加速推进“三晋英才支持计划”“1331”等重大人才培育计划,加快培养高端人才队伍。支持遴选一批中青年技术骨干外出培训、交流和观摩学习，加快人才队伍成长培养，为山西省汽车产业发展提供坚强智力支撑。弘扬工匠精神，鼓励企业实施现代学徒制，支持企业推行订单培养、顶岗实习等人才培养模式，实现培养与产业需求的精准结合。

(2) 拓展发展线，力争达到新能源汽车产业的先进水平

① 加大新能源汽车产业的技术创新突破

依托骨干整车企业和零部件企业，建设汽车零部件产业基地。着力提高产品开发、专业制造和规模配套能力，发展一批新能源汽车关键零部件产业集群，形成有力支撑本省整车产业发展、有效参与国内外市场竞争的零部件产业基地。支持重点领域加快发展，围绕变速器、动力电池、汽车电子、驱动电机、燃料电池及系统等产品，实施优势零部件升级工程，加快推进技术装备更新改造，走“专、精、特”发展道路。

创新突破零部件短板。创新突破以数字化、智能化的新技术优化重型汽车变速箱、车桥、发动机铸件、发动机曲轴等生产工艺，提升产品附加值。鼓励有技术能力的企业自主研发燃料电池技术，联合攻关氢燃料电池、氢燃料电池发动机、电控系统等核心技术。

新技术赋能零部件。重点发展基于5G信息通信技术智能网联汽车关键零部件的中远距毫米波雷达、激光雷达等车载雷达系统，基于北斗定位的高精度车载定位系统和车载智能信息服务系统。

② 推动新能源汽车产业的三化融合

对标国内先进技术，推动产业智能化发展。在氢燃料电池重卡车等商用车、电动矿车等特种新能源车辆方面实现国内领先，拥有系列品牌本地特色产品，实现一定的市场化和商业化。力争实现智能驾驶技术商业化应用推广，实现新能源汽车产业智能化、网联化的转型。

完善配套基础设施建设。依托山西省在充换电相关领域已有的产业基础，联合充换电设备生产企业、车企和电网公司，协同发展适合推广应用的充换电技术和装备。加强与城乡建设规划、电网规划及物业管理、城市停车等的统筹协调。依托“互联网+”智慧能源，提升智能化水平，积极推广智能有序慢充为主、应急快充为辅的居民区充电服务模式，加快形成适度超前、快充为主、慢充为辅的高速公路和城乡公共充电网络。统筹加油站与甲醇加注站建设规划，坚持改造与新建相结合，优先在现有加油站布局甲醇加注设施，适度超前推进加注站建设。引导企业根据氢燃料供给、消费需求等合理布局加氢基础设施，形成布局合理、满足需求的供应体系。建设配套加气站，有效拓展燃气汽车产品市场应用空间。支持利用现有场地和设施，开展油、气、电、氢、醇总和供给服务。

推进公共服务平台建设。以应用需求端为导向，大力推进充换电设施网络、停车场所、公众信息平台等基础设施建设，引导企业联合建立充电设施运营服务平台，实现互联互通、信息共享与统一结算。加强充电设备与配电系统安全监测预警等技术

研发，提高充电设施安全性、一致性、可靠性，提升服务保障水平。以适度超前的基础设施格局加快推进全省新能源汽车推广应用，为新能源汽车进入私人消费市场创造良好环境。

促进商业模式服务化。结合老旧小区改造、城市更新等工作，引导多方联合开展充电设施建设运营，支持居民区多车一桩、邻近车位共享等合作模式发展。鼓励充电场站与商业地产相结合，建设停车充电一体化服务设施，提升公共场所充电服务能力。

(3) 加大新能源汽车产业的政策扶持力度

抢抓“一带一路”倡议机遇，开展国际化产业合作。优化利用外资产业结构，以产业链高端产品和关键技术研发作为招商引资重点，引导外资投向，提升承接和吸纳国际产业转移的规模和能力，大力引进著名跨国企业在山西省设立研发机构和建设产业化项目。

完善统筹协调机制。推动成立省级政府新能源汽车产业发展领导小组，统筹协调各有关部门，提高工作效率，及时解决山西省汽车及新能源汽车发展中的重大问题。切实发挥各级政府促进汽车产业发展的主体作用，根据地方实际科学制定支持措施。研究成立山西省汽车产业发展专家咨询委员会，开展产业发展前瞻性、战略性重大问题研究，积极对重大决策提供咨询评估。充分发挥企业的市场主体作用，增强企业发展与规划目标的衔接性，有效调动企业发展动力。

加大资金支持力度。省级各类专项资金对汽车产业重大投资项目、关键核心技术研发及产业化给予重点支持；研究制定山西省新能源汽车推广应用及基础设施建设的延续补贴政策。积极支持汽车及零部件企业开拓市场，融入省内外整车企业采购体系。贯彻落实好国家增值税转型、进口设备免关税、企业研发费用加计扣除、固定资产加速折旧、高新技术企业补贴、科研成果转化、科技人员奖励等一系列优惠政策。加强汽车产业领域银企合作，探索建立信用担保、政策担保等机制，支持企业拓宽融资渠道，降低融资成本。

加快服务体系建设。通过引进、吸收、补链、培育等方式，深挖现有产业链资源，构建新能源汽车基础设施配套服务平台、氢燃料电池技术研发平台、整车生产平台、示范应用平台、技术孵化平台和协同管理平台，整合优化氢能产业链资源，深化产业链上下游协同。鼓励山西省汽车企业构建创新机制，释放闲置资源，充分发挥山西省汽车产业产能优势，推动研发设计、制造能力、专业人才等重点领域开放共享，增加有效供给。根据山西省甲醇及相关产业发展和市场推广实际需要，持续完善甲醇汽车及甲醇燃料相关地方标准，建立与产业发展相适应的标准体系。支持甲醇汽车相关企业积极参与国家标准的研究和制定，将企业标准转化提升为地方标准、行业标准、国家标准。山西新能源汽车产业高质量发展路径见表 4-6。

表 4-6 山西新能源汽车产业高质量发展路径

产业优势	主要问题	高质量发展路径
1. 政策优势。自 2015 年以来山西省陆续出台相关产业政策，推进了新能源汽车产业持续快速发展，设立产业发展基金、纳入政府采购目录、实施停车费减免、制定用能优惠政策，完善配套设施建设。 2. 产业基础优势。山西省汽车产业经多年发展已初具规模，全省共有汽车及零部件生产企业百余家，包括整车生产企业 5 家，已批复产能 31 万辆。2020 年，全省汽车工业总产值（按 18 家重点企业统计）262.6 亿元，工业增加值 32.4 亿元，利润 9.4 亿元。 3. 资源优势。山西省是全国最大的煤、焦生产基地和全国煤层气资源开发利用程度最高的地区。山西省的煤化工产业、煤层气资源以及电能供应能力具有得天独厚的资源优势。同时，具有丰富的氢能资源，有副产氢、煤气化制氢和新能源电力电解水制氢。 4. 交通运输大省优势。山西省是交通运输业务大省，有大量物流运输企业使用重卡，是重卡、牵引车的大市场，也是节能减排的重点领域，具有重卡转氢的优势	1. 产业发展速度慢，效益不高。主要存在产业发展战略不明朗、引导政策缺乏连续性、产业布局同质化严重、科技创新引领作用待提升、消费端多样化政策不足、政策落地速度有待提升等问题。同时，还存在新能源汽车关键零部件、充换电站、加氢站、汽车大数据平台等产业链结构不完善等瓶颈问题。 2. 缺乏龙头带动型企业，产品竞争力不足。因缺乏龙头企业的统筹与引领，产业各环节间未能融洽协作，发展力量分散不聚集，产业内动力电池、燃料电池、充电基础设施等各环节发展不均衡，导致产业整体实力不强，突出表现为整车生产成本高、产品技术附加值不高、产品品牌效应不足、服务生态不完善、产业配套体系不完善等问题。 3. 专业技术人才不足。山西省本地汽车领域的人才培养方面，本科及以上的高层次骨干人才培养和输出不足。在人才和智力引进方面，主要集中于聚焦于高精尖的科技型人才的引进，缺乏对中高级技术型人才和蓝领人才的鼓励政策，落户、免个税、安家费、补贴等柔性引才优惠政策力度不足	1. 创新突破零部件短板。创新突破以数字化、智能化的新技术优化重型汽车变速箱、车桥、发动机铸件、发动机曲轴等生产工艺，提升产品附加值。鼓励有技术能力的企业自主研发燃料电池技术，联合攻关氢燃料电池、氢燃料电池发动机、电控系统等核心技术。 2. 新技术赋能零部件。重点发展基于 5G 信息通信技术智能网联汽车关键零部件的中远距毫米波雷达、激光雷达等车载雷达系统，基于北斗定位的高精度车载定位系统和车载智能信息服务系统。 3. 依托骨干整车企业和零部件企业，建设汽车零部件产业基地。着力提高产品开发、专业制造和规模配套能力，发展一批新能源汽车关键零部件产业集群，形成有力支撑本省整车产业发展、有效参与国内外市场竞争的零部件产业基地。 4. 完善配套基础设施建设。加强与城乡建设规划、电网规划及物业管理、城市停车等的统筹协调。依托“互联网＋”智慧能源，提升智能化水平，积极推广智能有序慢充为主、应急快充为辅的居民区充电服务模式，加快形成适度超前、快充为主、慢充为辅的高速公路和城乡公共充电网络。 5. 领军企业创新发展模式。引导领军企业加强与高校、科研院所的产学研合作交流，鼓励支持企业通过委托开发和联合开发、共建研发机构，建立长效机制，加快创新成果转化和新技术的引进、消化、吸收、创新

二、甲醇汽车发动机产业高质量发展路径

甲醇是山西省确定的煤化工重点发展规划产品，山西省甲醇年产能约 400 万吨，主要由焦炉煤气制取，在建甲醇项目规模为 300 万吨/年，目前已建成多套甲醇生产

装置，推广甲醇燃料对优化煤制甲醇产业链、促进煤化工产业发展有重要促进作用。甲醇发动机技术开发及应用是实现碳达峰、碳中和的一种有益途径，是实现国家能源战略、节能环保的重要环节，是山西省能源革命的新探索。

（一）甲醇汽车发动机产业转型发展基础

山西省是国内开展甲醇汽车研发工作较早的地区之一，近年来在醇基燃料应用方面做了诸多尝试，在甲醇汽车推广方面取得了不错的成绩。省内甲醇发动机生产有一定基础，甲醇汽车改装已形成初步产业，有力支撑了山西省甲醇汽车的推广应用。太原理工大学是国内较早开始研究甲醇发动机的高校，一直进行甲醇燃料发动机的燃烧和污染物排放特性研究。

经过多年的探索、研究、示范、实践，主要有三个收获：一是得出一个重要结论，即甲醇汽车是我国节能清洁汽车领域最符合国情的最现实的选择，甲醇将是车用替代燃料的主导产品；二是承担并圆满完成了 7 项国家研发、示范项目，取得了 22 项国家发明专利和应用专利，创造了 3 个国内“首创”，取得了一大批关键技术和管理方面的成果；三是为国家决策提供了原始数据和基础资料，对兄弟省市的推广发挥了带动作用。

（二）甲醇汽车发动机产业生存优势和转型发展方向

1. 山西甲醇汽车发动机产业生存优势明显

生产优势。山西省已形成先进的甲醇汽车整车制造和生产能力。其中，山西新能源汽车工业有限公司隶属浙江吉利控股集团，拥有全球首款国Ⅵ标准的甲醇燃料乘用车生产资质。吉利甲醇乘用车采用全新帝豪甲醇车。轻量化设计的 1.8 L 国六全铝缸体发动机，结构紧凑，暖机快速。甲醇燃耗进一步优化提升，满足国Ⅵ 甲醇最严格排放标准。燃油箱采用不锈钢材料，油箱强度更高，防腐蚀能力更强，保证车辆更安全、更节能、更环保。山西成功汽车制造有限公司是全国唯一生产甲醇微型车的企业。2013 年 SCH6400Q 甲醇多用途乘用车通过相关检验，工信部通过了该产品的公告公示。目前正在研发甲醇增程式电动汽车。该车在 SCH5022XXY-BEV 纯电动物流车的基础上，增加一台甲醇增程器，其动力选择 HH413QM 甲醇发动机。

标准优势。在企业标准的基础上，山西省已建立完整的甲醇燃料甲醇汽车标准体系，并参与了《车用燃料甲醇》《M85 甲醇汽油》两个国家标准的制定。2002 年起先后出台了《M5、M15 车用甲醇汽油》《车用燃料甲醇》《车用甲醇汽油变性醇》《车用甲醇汽油组分油》《M85、M100 车用甲醇燃料》《车用甲醇燃料作业安全规范》《M30 车用甲醇汽油》《乘用车甲醇/汽油两用燃料装置调装技术要求》《车用甲醇燃料储罐清洗作业安全规范》《甲醇燃料调配规范》《车用 M85、M100 甲醇燃料加注机》《车用 M85、M100 甲醇燃料加注站设计与施工规范》等十二个地方标准。

配套输配体系优势。目前，山西省具备资质的甲醇燃料调配中心有 9 座，年生产能力 100 万吨，甲醇燃料技术中心 1 个。初步形成甲醇车的维修服务体系，甲醇燃料及甲醇车的安全措施及应急预案基本完善。

市场认知优势。山西省甲醇燃料与甲醇汽车的产业化推广已经历二十年了，逐步形成了甲醇燃料和甲醇汽车两个新兴产业，对山西省产业结构的调整起到积极作用，同时在实践中市民对甲醇用作汽车燃料这一新兴事物有了认知和体验，为大规模推广甲醇汽车奠定了基础。产业化至今，甲醇汽油消费税执行前全省累计销售低比例甲醇汽油 400 万吨，高比例甲醇燃料 40 万吨，国家禁止其他燃料车改装为甲醇汽车前已累计在用汽油车改烧甲醇 20 万辆。

2. 山西甲醇汽车发动机产业转型发展机遇与方向

2019 年 3 月 19 日，工信部等八部门联合印发《关于在部分地区开展甲醇汽车应用的指导意见》，其中的第二十一条指出，严禁甲醇汽车改装为其他燃料汽车，严禁其他燃料汽车改装为甲醇汽车。因此次政策推进的是 M100 甲醇燃料汽车，甲醇燃料汽车专用发动机及专用零件生产企业面临着较好的发展机遇。

工信部表示，甲醇汽车已进入市场化应用阶段，目前，已指导全国汽车标准化委员会研制发布《甲醇燃料发动机技术条件》《甲醇燃料汽车技术条件》《柴油/甲醇双燃料发动机技术条件》《甲醇汽车发动机润滑油》《甲醇汽车燃料系统技术条件》《甲醇燃料汽车燃料消耗量试验方法》等行业标准，积极配合生态环境部制定甲醇汽车污染物排放标准，并针对甲醇燃料和甲醇汽车的应用需求，逐步完善相关标准体系。下一步，工信部将在已出台的技术规范基础上，加快研究制定车用甲醇燃料加注站设计与施工规范等标准，为甲醇燃料加注体系建设提供标准支撑。

要继续推动提升甲醇生产技术，如加快风光能制氢技术以及二氧化碳与氢合成制甲醇技术的科技攻关，加快产业应用。同时，要支持发展甲醇产业链，加快相关配套设施建设，继续推广试点经验，在甲醇供应和运输等方面也需要政策的进一步支持。

要继续加强甲醇燃料应用的基础研究，加强甲醇燃料推广应用的产学研用合作，充分发挥高校和研究院所的人才、研究设备的作用，从而整合科研院校、企业等各方优势资源；同时也要加强国际交流合作，推动甲醇汽车的国际市场应用。

3. 甲醇汽车发动机产业转型升级的路径设计

(1) 守住生存线，筑牢甲醇汽车发动机产业发展根基

① 甲醇发动机新机型技术研发进展缓慢。甲醇发动机技术研究呈自发、自由状态，缺少必要的组织、资金支持及目标，尚有系统复杂、启动时间长、系统功率小、产品成熟度低、存在碳排放等问题需要突破。

措施建议：加大研发力度，培育自主创新能力。通过对甲醇燃料发动机及汽车设计的技术创新，形成甲醇系列发动机自主研发能力，增强山西省在甲醇燃料汽车领域的自主创新能力。通过引进和鼓励企业开展甲醇发动机研发生产，逐步形成完善甲醇发动机生产基地，形成甲醇发动机规模化生产能力。

② 甲醇汽车发展缺少国家财政支持。与新能源电动汽车发展相比，甲醇汽车试点完全依靠市场化运行，没有国家在财政上的支持。国家对甲醇汽车的发展缺少财税支持相关政策，一定程度上制约了甲醇发动机产品及相关汽车产业发展。

措施建议：把甲醇燃料列入国家能源发展计划，向乙醇燃料一样给予政策和资金扶持。制定、规划实施方案，使甲醇燃料作为高科技领域的新能源尽快发展起来。加快产业链的延伸（如甲醇燃料电池），形成可持续发展的产业优势。

③ 甲醇加注站建设难以落实。我国液体燃料供应与管理归口商务部，气体燃料如天然气归口国家能源局。甲醇属于新型液体燃料，管理归属不明，造成加注站建设十分困难，制约整体产业发展。

措施建议：建设加注站、甲醇供应和物流输运等多方面协同体系。加注站关系到安全、消防、燃料加注便利等问题，国家能源和工业管理部门要联合施策；通过对甲醇燃料定义、生产制造供应、消费应用监督管理、安全保障措施以及政策支持等方面明确分工定位，将甲醇作为新兴能源纳入国家能源体系规范管理。充分利用省内现有和拟建的甲醇储存、燃料调配基础设施，建设以太原、晋中、长治、大同、晋城、运城为中心向周边地市辐射的甲醇燃料输配体系。依托现有加油站点的规划布局，鼓励现有加油站通过改造增加车用甲醇燃料加注功能。

（2）拓展发展线，力争达到甲醇汽车发动机产业先进水平

① 加大甲醇汽车发动机产业的技术创新突破

通过技术改造，加快建设甲醇汽车制造体系。以甲醇燃料生产及甲醇汽车推广应用为主要方向，重点在太原、晋中、长治、运城规划布局全省甲醇汽车生产基地，在大同、晋城、长治、临汾、吕梁建设车用甲醇燃料生产基地。针对甲醇汽车特性，通过技术改造完善甲醇汽车制造体系，提升甲醇汽车制造技术水平，开发甲醇乘用车、商用车、非道路工程车等车辆及动力机械，满足市场需求。

代表中国技术优势的甲醇燃料内燃机已经进入成熟期，甲醇燃料发动机产品，功率从 1 千瓦到 4 000 千瓦，排量从 0.3 升到 24 升，配套用途涉及道路车辆、非道路车辆、船舶（含船艇）、铁路机车、发电机组及其他特种用途装备；甲醇燃料发动机应用场景与传统能源内燃机一样，遍及各个应用领域和不同配套需求，特别是自有的清洁能源优势，正在被寻求获得内燃机排放突破的企业和产品所青睐，甲醇燃料清洁的优势正在被业内认知和选择应用。

② 推动甲醇汽车发动机产业的三化融合

推动甲醇汽车发动机产业智能化发展。全自动甲醇汽车智能控制器采用全新的设计理念，摒弃了以往仅仅用不同燃料控制喷油量的思路，利用温度传感器识别到的发动机温度进行喷油比例优化，最大限度地提高燃料的燃烧效率，达到最佳经济效果；同时避免了冷车突突和燃料利用率太低的情况；自动冷启动效果卓越，识别冷车时自动放大喷油量，避免了冷车热车后才起步顺畅的现象。

推动甲醇汽车发动机产业绿色化发展。完善捕集二氧化碳合成绿色甲醇、利用农作物秸秆等生物质制取甲醇的技术，并实现规模化应用，发展甲醇汽车、甲醇经济，对我国交通运输行业节能减排降碳具有推动作用。在绿色甲醇技术探索方面，吉利汽车于 2015 年投资的冰岛碳循环国际公司利用地热发电制氢与捕集的二氧化碳合成可再生甲醇，年产达 4 000 吨。截至 2021 年 7 月，吉利甲醇乘用车规模化运行超 2.5 万辆，总运行里程超 65 亿千米，最高单车运行里程突破 95 万千米；甲醇商用车运行超 100 辆，总运行里程 227.24 万千米。

（3）加大甲醇汽车发动机产业的政策扶持力度

优化产业发展环境。充分利用电视、广播、报刊、网络、展览、学术研讨等多种渠道，宣传新能源汽车对节能减排的积极作用。搭建平台、举办以节能与新能源汽车为主题的各种会议、展览和推介活动，展示山西省新能源汽车产业发展、推广应用成果，普及节能与新能源汽车产品知识，提高群众的环保意识，增进社会各界认知度，形成推广应用新能源汽车的良好氛围。认真落实新能源汽车停车费减免、用能优惠等政策，完善充电设施、加氢站、甲醇及燃气加注等新能源汽车配套设施，推动实施新能源汽车差异化交通管理，扎实落实全省各市各领域新能源汽车推广应用任务。鼓励各地因地制宜创新新能源汽车商业运营模式，建立健全新能源汽车融资、租赁、保险、物流、售后、电池利用等服务体系，提升新能源汽车使用便利性，通过商业模式创新，扩大私人领域新能源汽车应用规模。

加大优惠扶持政策力度，制定、完善产业政策法规。在试点化运作基础上，政府要培育示范机制。在滚动发展的过程中，凡基本具备在经济、技术、环保方面进入市场条件好的项目，要及时推向市场，以企业行为为主，政府行为相佐，通过市场化的运作带动整个项目的发展。山西争取用 2～3 年时间，实现清洁汽柴油（低比例掺烧）在全省全面推广运用，并进入兄弟省市；用 3～4 年时间，和全国汽车企业合作，使甲醇发动机、甲醇汽车具备产业化条件。山西甲醇汽车发动机产业高质量发展路径见表 4-7。

表 4-7　山西甲醇汽车发动机产业高质量发展路径

产业优势	主要问题	高质量发展路径
1. 生产优势。山西省已形成先进的甲醇汽车整车制造和生产能力。其中，山西新能源汽车工业有限公司隶属浙江吉利控股集团，拥有全球首款国Ⅵ标准的甲醇燃料乘用车生产资质；山西成功汽车制造有限公司是全国唯一生产甲醇微型车的企业。	1. 甲醇发动机新机型技术研发进展缓慢。甲醇发动机技术研究呈自发、自由状态，缺少必要的组织、资金支持及目标，尚有系统复杂、启动时间长、系统功率小、产品成熟度低、存在碳排放等问题需要突破。	1. 加大研发力度，培育自主创新能力。通过对甲醇燃料发动机及汽车设计的技术创新，形成甲醇系列发动机自主研发能力，增强山西省在甲醇燃料汽车领域的自主创新能力。通过引进和鼓励企业开展甲醇发动机研发生产，逐步形成完善甲醇发动机生产基地，形成甲醇发动机规模化生产能力。

表 4-7(续)

产业优势	主要问题	高质量发展路径
2. 标准优势。在企业标准的基础上,山西省已建立完整的甲醇燃料甲醇汽车标准体系,并参与了《车用燃料甲醇》《M85甲醇汽油》两个国家标准的制定。2002年起先后出台了《M5、M15车用甲醇汽油》《车用燃料甲醇》《车用甲醇汽油变性醇》等十二个地方标准。 3. 配套输配体系优势。目前,山西省具备资质的甲醇燃料调配中心有9座,年生产能力100万吨,甲醇燃料技术中心1个。初步形成甲醇车的维修服务体系,甲醇燃料及甲醇车的安全措施及应急预案基本完善。 4. 市场认知优势。山西省甲醇燃料与甲醇汽车的产业化推广已经历二十年了,逐步形成了甲醇燃料和甲醇汽车两个新兴产业,对山西省产业结构的调整起到积极作用,同时在实践中市民对甲醇用作汽车燃料这一新兴事物有了认知和体验,为大规模推广甲醇汽车奠定了基础。产业化至今,甲醇汽油消费税执行前全省累计销售低比例甲醇汽油400万吨,高比例甲醇燃料40万吨,国家禁止其他燃料车改装为甲醇汽车前已累计在用汽油车改烧甲醇20万辆	2. 甲醇汽车发展缺少国家财政支持。与新能源电动汽车发展相比,甲醇汽车试点完全依靠市场化运行,没有国家在财政上的支持。国家对甲醇汽车的发展缺少财税支持相关政策,一定程度上制约了甲醇发动机产品及相关汽车产业发展。 3. 甲醇加注站建设难以落实。我国液体燃料供应与管理归口商务部,气体燃料如天然气归口国家能源局。甲醇属于新型液体燃料,管理归属不明,造成加注站建设十分困难,制约整体产业发展	2. 把甲醇燃料列入国家能源发展计划,向乙醇燃料一样给予政策和资金扶持。制定、规划实施方案,使甲醇燃料作为高科技领域的新能源尽快发展起来。加快产业链的延伸(如甲醇燃料电池),形成可持续发展的产业优势。 3. 建设加注站、甲醇供应和物流输运等多方面协同体系。加注站关系到安全、消防、燃料加注便利等问题,国家能源和工业管理部门要联合施策;通过对甲醇燃料定义、生产制造供应、消费应用监督管理、安全保障措施以及政策支持等方面明确分工定位,将甲醇作为新兴能源纳入国家能源体系规范管理。充分利用省内现有和拟建的甲醇储存、燃料调配基础设施,建设以太原、晋中、长治、大同、晋城、运城为中心向周边地市辐射的甲醇燃料输配体系。 4. 通过技术改造,加快建设甲醇汽车制造体系。以甲醇燃料生产及甲醇汽车推广应用为主要方向,重点在太原、晋中、长治、运城规划布局全省甲醇汽车生产基地,在大同、晋城、长治、临汾、吕梁建设车用甲醇燃料生产基地。针对甲醇汽车特性,通过技术改造完善甲醇汽车制造体系,提升甲醇汽车制造技术水平,开发甲醇乘用车、商用车、非道路工程车等车辆及动力机械,满足市场需求

第五章 山西省绿色能源产业高质量发展的对策建议

第一节 以“三化”为引领，赋能传统产业新升级

加快矿山智能化建设步伐。山西省的煤炭资源支撑了经济的发展，同时也给环境带来巨大的影响。因此，山西省应当加大力度用“数字化、网络化、智能化”手段赋能传统产业升级改造。首先，要积极推进智能矿山建设，向“低开采、高利用、低排放”的方向发展，探索各种地质条件下的开采技术。其次，积极推进矿产资源阶梯化利用综合开采，全面推进矿权改革，统筹规划和有效配置矿权，避免矿权重叠导致的开发受阻，提高资源利用效率。最后，要推动煤机装备向智能化、高端化发展，将人工智能、5G、大数据、云计算等新技术引入煤机装备生产和应用过程中，进一步推动煤矿智能化建设。

提升绿色发展水平。坚持绿色发展，全面落实大气、水、土壤、噪声污染防治工作，按照“充分评估、科学规划、稳步推进”的原则，大力实施电力、钢铁超低排放改造。

第二节 创新驱动引领，构筑清洁能源创新高地

打造绿色能源产业创新生态。坚持把创新作为转型发展的逻辑起点，构建绿色能源产业集群创新生态，建立“政产学研金服用”七位一体创新系统。明确企业在创新生态构建中的主体作用，强化产品在企业创新发展中的战略牵引地位，加强产品研发平台建设、加大产品研发费用投入，加快产品市场化进程，快速形成一批具有核心竞争优势、高附加值、高市场占有率的创新产品。

强化重大产品创新。聚焦山西省绿色能源产业基础，开展重大现有产品质量品牌提升计划，加快技术改进、加强质量管理、加速品牌培育，形成一批高产值、高市场占有率的山西制造产品。开展重大创新产品抢滩计划，加快实验室、中试基地产品进入市场，形成一批具有高科技含量、高发展潜力的山西创造产品。开展重大储备产品研发计划，加强市场趋势和基础理论研究，研发储备一批具有强引领性和破发性的产品。

推动前沿技术创新布局。围绕山西省能源领域“十四五”规划重点领域，加强未来产业基础研究、原始创新，加快布局未来产业领域关键核心技术研发、技术成果转

移、创新产品研发等项目。快速在山西省具有比较优势的智能煤矿、氢能等产业形成一批主导性未来产业产品，在可再生能源、碳基新材料、新能源汽车等产业形成一批先导性未来产业产品。

推进清洁能源和生态环境协同发展。以保护和改善生态环境为出发点和落脚点，在清洁能源开发建设中严守“三线一单”管控要求，在能源产业开发中落实生态优先战略。在清洁能源项目建设和运行中坚持清洁能源产业生态化，在能源供给和消费中促进经济绿色发展。

打造国家级光伏发电基地。积极推进光伏发电基地化规模化开发，形成以大同、朔州千万千瓦级新能源基地为依托，辐射忻州、吕梁的新能源开发格局。在长治、晋城积极建设清洁能源研发、生产基地。

第三节　加强产需衔接，多措并举强化供应保障

办好主场展会。在中国（太原）国际能源博览会基础上，进一步丰富展会内涵，开展多元化活动，将能源博览会打造为全面展示国内外能源领域新技术、新产品、新应用、新业态和集中展示山西省争当全国能源革命排头兵等主要成果的重要平台。办好“一带一路”展销会。邀请相关国家部委联合举办，邀请沿线国家驻华使领馆、产业链上下游企业参会，展示山西省转型发展成果和重点产品，搭建交流合作平台，助力拓展“一带一路”市场。

开展产需对接。采取线上线下结合方式，常态化开展产需对接活动，实现供给和需求的有机衔接、上游和下游的协同配套，保障产业链供应链稳定。协调各部门分领域分行业组织开展线下产需对接活动，组织重点企业、龙头企业推介新产品、推广新技术，积极开拓国内、国际市场，融入双循环，推动企业扩大市场份额。搭建产需对接展示平台，利用网络、媒体等新渠道、新业态，加强重点企业和优势产品的宣传推介，引导企业及时在平台上发布产品产供需信息，促进企业开展供求合作，面向国内、国际开展线上 7×24 小时的产需对接。

建立产业联盟。充分发挥产业联盟优势促进产业链企业、机构实现要素对接，积极拓展产业联盟规模。以提升优势产业和核心竞争产品水平为核心，鼓励各行业企业组建产业联盟。推动联盟上中下游企业在技术研发、生产制造、示范应用、市场开拓等方面开展合作，在材料供应、部件配套、产品制造、售后服务等关键环节加强协同。推动建立大中小企业深度协同、融通发展的新型产业组织模式，使产业联盟成为整合优化资源、完善提升产业链、推动产业发展的重要载体，持续激发中小企业发展活力。

第四节　承接产业转移，拓展合作交流新途径

积极对接国家产业发展战略布局。立足京津冀一体化重要成员定位，积极承接北京科技和人才等先进生产要素，加强与环渤海、长三角、粤港澳大湾区的交流合作。结合产业基础、资源禀赋、环境容量及生产要素保障等条件，以产业链条吸引外部资源要素，实施集群式引进、专题性推介、区域性对接。

积极扩大对外影响。依托举办装备制造业博览会、专题论坛等方式，扩大对外影响力，吸引重大科技成果落地。加强项目合作，积极指导龙头企业落地一批重大产品项目。推动建立山西—长三角能源合作与发展联席会议。深度对接长三角地区能源需求与能源结构变化，发挥山西省焦炉煤气制氢成本和规模优势，创新能源产品交易模式，加大电力、焦炭等二次能源产品输出。

推动能源合作互补。强化晋—冀、晋—鲁煤焦钢供需合作，加强与环渤海地区的横向联合与优势互补，推动形成大型区域化产业联盟，加大能源产品输出结构中氢能等新能源占比，加快目标市场由京津冀向辽东半岛和山东半岛不断扩张。

巩固扩大国外市场。全面对接国家“一带一路”科技创新行动计划，推动国家技术转移中心在山西省设点布局。促进山西省检测检验机构与“一带一路”沿线国家（地区）在检验检测认证认可和标准计量等方面共建平台机构，消除贸易壁垒。借助省外办出访活动、省贸促会“山西品牌丝路行”系列活动，组织山西省重点企业赴东亚、中东、西欧相关国家开展产品宣传推介活动，巩固既有国际市场，开发新市场新领域。

持续深化跨区域产业合作。深入贯彻落实与陕西、内蒙古等省区的产业合作专项行动计划，建立常态化互访沟通机制和信息交流机制。围绕先进制造、数据信息、清洁生产等绿色生态产业，紧盯传统产业“高端化、智能化、绿色化”改造、产业基础能力高级化和产业链现代化等重点任务，大力引进中部地区产业化成熟、产业带动能力强的大型项目及配套项目；加快聚集一批产业技术水平先进、竞争力强的龙头企业和品牌企业，提升和丰富产业链，加快形成高质量产业发展体系。

第五节　壮大支撑主体，培育传统产业擎旗手

强化龙头企业示范引领带动作用。选择一批发展态势好、核心竞争力强、辐射带动作用突出的工业企业，倾斜扶持、重点培育、着力打造一批主营业务收入超千亿、一批超百亿的骨干旗舰企业。引导企业对标国际一流，聚焦主导产业，充分发挥品牌、技术、资源、渠道等方面的综合优势，推动兼并重组，加快培育一批世界、中国500强的本地企业集团。鼓励企业在晋落地全球总部基地，引导有条件企业通过参股、并

购、合作等方式拓展海外经营布局，提升企业国际化经营水平。

培育细分领域领军企业。对照产业链上下游、创新链相关方、供应链各环节，积极支持高新技术企业发展，培育孵化一批成长速度快、创新能力强、专业领域新、发展潜力大的瞪羚企业、独角兽旗手企业。鼓励中小企业走“专精特新”发展之路，从技术、人才、资源、创新等方面赋能增效，梯次培育中小企业“专精特新”“小巨人”和“单项冠军”旗手企业。

培育重大科技创新旗手。推动企业技术中心的梯次储备、滚动发展、整体推动，聚焦企业技术创新能力提升，形成山西省企业技术创新的核心旗手。加快省级制造业创新中心、国家和省级技术创新中心的梯次创建，聚焦关键共性技术研发，重大技术成果产业化，形成重大行业创新平台的阵地旗手。加快新型研发机构建设步伐，形成产业创新生态，构建尖兵旗手。

培育重点民营企业。全面贯彻落实关于支持民营经济的“30 条”和“23 条”等政策措施，大力营造公平竞争环境，全面激活民营企业活力。开展省级制造业单项冠军示范企业（产品）和省级服务型制造示范培育遴选，发掘山西省优质民营企业，为申报国家级荣誉称号做储备。开展“山西省优秀企业”评选表彰活动，激发和保护企业家精神，鼓励更多社会主体投身创新创业。

第六节　推动锻长补短，寻求产业链向上突破

建强产业链基础。围绕制造业核心基础零部件、先进基础工艺、关键基础材料和产业技术基础四方面，实施产业基础再造工程，建立完善关键工业基础技术和产品清单，加快工业强基重点项目建设，加快基础领域研究攻关，加强基础产品示范推广，夯实产业基础高级化根基。遵循产业链演进发展规律，按照布局合理、产业协同的原则，立足区域资源禀赋、产业优势、发展特色，研究建链、延链、补链、强链、提链路径，强化与城乡规划、土地利用总体规划等有机衔接，围绕产业链优化企业项目布局。

提升产业链区域承载能力。以开发区、新型工业化产业示范基地等为核心，大力推动供能、供水、管网等基础设施建设，提升标准厂房等配套服务设施水平，引导和推动建立金融服务、知识产权服务、质量检测等公共服务平台，打造主导产业突出、比较优势明显的先进制造业产业集群。

健全产业链形态。抢抓产业链重构机遇，促进产业链与创新链、资金链、政策链深度融合，不断健全产业链形态。促进产业链和创新链对接融合，围绕产业链部署创新链，集中突破一批促进产业链上下游聚合衔接的关键技术，提升重点产品集成攻关能力，开展核心环节共性工艺技术研发。促进产业链和政策链相互支撑，持续围绕产业链构建政策倾斜支持和工作落实机制，建立“链长制”支撑服务体系、“链长制”决策咨询体系、“链长制”议事协调体系，统筹推动产业链企业发展、招商引资、项目建设、

人才引进、技术创新等工作。

提升产业链层级。全面提升产业链数字化和产品高端化水平，加快推动产业链向中高端迈进。促进供应链数字化管理，依托工业互联网创新中心，加快完善工业互联网数据资源合作共享机制，优化制造业企业生产管理流程，促进供应链各环节数据和资源共享，加强区块链技术在战略性新兴产业供应链中的应用。推动产品高端化发展，加快应用新技术、新设计、新材料、新工艺等生产的全新型产品或改进型产品，提升产品科技含量、品牌附加值、产业关联度、市场占有率，牵引产业链迈向中高端。

保障产业链供给。促进产业链和供应链协同稳定。围绕产业链补短板实施重大项目，开展以市场、资本、股权、技术等为纽带的产业链合作，协作开展补齐原料、配件、部件等短板的重大项目建设，稳定供应链。持续优化产业链供给，加快培育一批信息技术服务、物流仓储、检验检测、质量管理等服务机构，围绕企业在质量、标注、监测等方面的供应需求，建立统一的服务认证企业，提升供应链现代化水平。

第七节　强化协作融合，培植各项产业新业态

培植互联网新业态。大力推动"互联网＋""数字＋"，促进数字技术在各领域的应用和融合创新，培育新技术、新产品、新模式和新业态，加速融入双循环体系。挖掘城市智能基础设施应用场景，加强市政公用领域物联网应用和基础设施智能化升级，实现水、电、燃气、网络等生活要素数字化管理。

培植区域协同新业态。进一步加强区域经济跨部门、跨区域、跨行业及供给需求和线上线下、产业链上下游等领域协同发展，推动跨区域合作协同新模式，通过多方联动、协同配合推动形成发展共同体。推动"科创飞地"建设，积极探索研发机构非本地、非所有模式，支持集群龙头企业在北京、上海、深圳等国内一线城市和创新资源富集地区建设科创中心，集聚利用异地创新要素，形成研发在省外、生产在省内的产业发展模式。

培植长协供应新业态。加快新一代信息技术融合应用，建立科学合理的长期供应价格确定机制和价格异常波动响应机制，以电力、原材料等支撑新兴产业发展的重要基础产品为示范和突破口，持续深入推动耗材、零配件等供应体系，以及物流、技术、检测检验等服务体系的长协战略合作，促进产业健康可持续发展。完善履约兑现的信用推动模式，强化大数据分析应用，建立以信用为纽带的长协战略合作机制，完善信用预警机制，为长协履约提供检测保障，提升企业间长协合作份额。

培植共享制造新模式新业态。在产业基础条件好、共享制造起步早的地区和行业，加快形成一批专业化共享制造平台，推动重点区域、重点行业分散制造资源的有效汇聚与广泛共享。鼓励有条件的企业探索建设跨区域、综合性共享制造平台。引导企业通过联合建设、战略投资等方式推动平台整合，提升制造资源的集聚水平。支

持平台企业围绕制造资源的在线发布、订单匹配、生产管理、支付保障、信用评价等，探索融合行业特点的创新服务。推动平台企业深度整合多样化制造资源，发展“平台接单、按工序分解、多工厂协同”的共享制造模式。

第八节　强化要素保障，全力打造政策优势区

放管服效改革政策。持续深化“放管服”改革，着力打造市场化、法治化、国际化营商环境。营造公平竞争的市场环境，强化公平竞争制度审查，清除市场壁垒，降低小微企业等经营成本，激发创新创业动力，建立统一开放、竞争有序的市场环境。提升市场运行效率，简化生产经营审批和条件，降低市场准入门槛，精简优化产品生产流通等环节的管理措施。健全诚信体系和市场监管体系，完善对新业态的包容审慎监管机制，引导各类市场主体提供优质产品和服务。

新兴产业引育政策。完善引进培育新兴产业企业和项目的政策机制，着力推动要素市场规则健全和制度建设，通过深化市场化改革，集聚各方力量，聚焦战略重点，集中优势资源，促进传统能源产业、传统材料产业脱碳衍生发展战略性新兴产业。建立健全长期租赁、先租后让、弹性年期供应、作价出资（入股）等工业用地市场供应体系，调整完善产业用地政策，推动不同产业用地类型合理转换，探索增加混合产业用地供给。

完善新兴产业电价政策。实施优势转换战略，落实《战略性新兴产业电价机制实施方案》，充分发挥山西省煤电资源优势，形成有比较优势的电价“洼地”，实现传统电力产业与战略性新兴产业的良性互动、共赢发展。持续开展战略性新兴产业参与电力专场交易的企业备案工作，不断完善管理办法，扩大政策支持范围，进一步健全战略性新兴产业优惠电价的形成和运转机制。

金融保险扶持政策。进一步强化产融合作，制定差别化信贷政策，按照市场化原则采取增贷、稳贷等针对性支持性措施。积极开发针对不同类型企业的融资服务，满足企业对银行服务的多样化融资需求，逐渐实现由主要提供信贷单一产品向为客户提供个性化的综合金融解决方案转变。开发创业创新的贷款新产品、新业务，开展应收账款、仓单、知识产权等质押融资。发挥专项基金作用，孵化培育新兴产业，充分调动社会资金投向实体经济积极性，释放资金投入放大效应和边际效应。引导保险机构和政策性担保机构为产业链上下游企业获取融资提供增信服务，针对核心企业上下游风险特征，开展抵质押、纯信用等多种形式的保证保险业务。

参考文献

[1] 白京羽，林晓锋，尹政清．全球生物产业发展现状及政策启示[J]．生物工程学报，2020，36(8)：1528-1535.

[2] 白秀娟，刘春梅，兰维娟，等．甲醇能源的发展与应用现状[J]．能源与节能，2020(1)：54-55.

[3] 白旭龙．煤层气高效开发技术探讨[J]．能源与节能，2021(11)：134-135，141.

[4] 拜文华，赵庆波，刘锐娥．山西沁水煤层气田采收率预测[J]．现代地质，2001，15(4)：438-444.

[5] 鲍德佑．氢能经济时代悄然到来国际社会关注氢能投资[J]．太阳能，2002(5)：31.

[6] 本刊编辑部．第五届全国煤焦化产业绿色升级发展研讨会精彩回放[J]．煤炭加工与综合利用，2018(8)：1.

[7] 本刊记者．加强行业间产需对接 推动现代煤化工持续健康发展：中国煤炭工业协会与中国石化联合会就引导行业复工复产进行对接交流[J]．中国煤炭工业，2020(5)：18.

[8] 本刊讯．发改委发布首批温室气体排放核算方法[J]．墙材革新与建筑节能，2013(11)：6.

[9] 本刊讯．国家发展和改革委员会发布《中国发电企业温室气体排放核算方法与报告指南(试行)》[J]．华东电力，2013，41(11)：2359.

[10] 本刊综合．科技生产力的生动展现：第六届中国国际煤炭清洁高效利用展览会暨“十四五”中国煤炭清洁高效利用大会述评[J]．人人健康，2020(22)：26.

[11] 蔡振华，张军，刘倩妮，等．《3C绿色电网建设评价标准》应用情况调研与分析：绿色变电站[J]．南方能源建设，2019，6(3)：120-125.

[12] 曹海霞，王宏英．新形势下山西煤炭产业转型发展路径研究[J]．中国煤炭，2015，41(1)：6-10.

[13] 陈彬彬，孙宏斌，陈瑜玮，等．综合能源系统分析的统一能路理论(一)：气路[J]．中国电机工程学报，2020，40(2)：436-444.

[14] 陈津．聚焦第二届世界内燃机大会 专家“论道”甲醇燃料应用[J]．商用汽车新闻，2021(10)：24-25.

[15] 陈静．“国家队”助力氢能产业发展[J]．理财周刊，2019(15)：40.

[16] 程序，朱万斌，谢光辉．论农业生物能源和能源作物[J]．自然资源学报，2009，24(5)：842-848.

[17] 崔国亮，范礼，丁万龙，等. 一种提高热效率的甲醇发动机：CN111156111A[P]. 2020-05-15.
[18] 崔健. 煤矿综采工作面设备智能化推广应用的几点思考[J]. 山西焦煤科技，2018，42(4)：55-56.
[19] 崔丕江. 创新驱动 转型升级 推进中国焦化行业科学发展[J]. 中国钢铁业，2014(10)：7-9.
[20] 崔容强，赵春江，吴达成. 并网型太阳能光伏发电系统[M]. 北京：化学工业出版社，2007.
[21] 单永生. 加快山西省焦化产业转型发展的对策与建议[J]. 中外企业家，2015(30)：12.
[22] 邓彤. 氢能产业发展的挑战与机遇分析：以山西为例[J]. 技术经济与管理研究，2019(10)：106-110.
[23] 邓长生. 太阳能原理与应用[M]. 北京：化学工业出版社，2010.
[24] 翟华维，刘绍忠. 应用于山东省农村地区的太阳能与生物质能联合采暖系统浅析[J]. 太阳能，2020(8)：76-80.
[25] 丁震，赵永峰，尤文顺，等. 国家能源集团煤矿智能化建设路径研究[J]. 中国煤炭，2020，46(10)：35-39.
[26] 董小恺. 山西煤层气产业化的构想与建议[J]. 山西能源与节能，2008(2)：13-16.
[27] 杜瑶瑶. 基于时序分析的煤层气排采制度优化[D]. 北京：中国石油大学(北京)，2018.
[28] 杜永红. 低渗透煤储层煤层气高效开采技术途径探究[J]. 中国石油和化工标准与质量，2020(5)：38-39.
[29] 段雯娟. 清洁能源家族中不可忽视的一位重要成员“甲醇汽车”正加速驶来[J]. 地球，2019(7)：42-45.
[30] 范京道，李川，闫振国. 融合 5G 技术生态的智能煤矿总体架构及核心场景[J]. 煤炭学报，2020，45(6)：1949-1958.
[31] 方虹. 国外发展绿色能源的做法及启示[J]. 中国科技投资，2007(11)：35-37.
[32] 冯垛生，张淼，赵慧，等. 太阳能发电技术与应用[M]. 北京：人民邮电出版社，2009.
[33] 付萌，常世彦. 适用于可持续认证的生物质能温室气体排放核算方法[J]. 科技导报，2020，38(11)：51-59.
[34] 高豆豆. 低阶煤煤层气开采及含气量测定方法现状分析[J]. 能源技术与管理，2020，45(1)：157-158.
[35] 高峰，孙成权，刘全根. 太阳能开发利用的现状及发展趋势[J]. 世界科技研究与发展，2001，23(4)：35-39.

[36] 高亚静，温柏坚，吴文传，等. 智能电网环境下的省级 EMS 设计与关键技术[J]. 电力自动化设备，2012，32(8)：135-140.

[37] 格林. 太阳电池：工作原理、工艺和系统的应用[M]. 李秀文，谢鸿礼，赵海滨，等译. 北京：电子工业出版社，1987.

[38] 葛怀畅，王彬，郭庆来，等. 面向高比例可再生能源交直流混联电网的动态自动电压控制系统：设计与应用[J]. 中国电机工程学报，2020，40(16)：5170-5178.

[39] 葛世荣，胡而已，裴文良. 煤矿机器人体系及关键技术[J]. 煤炭学报，2020，45(1)：455-463.

[40] 耿亚新，周新生. 太阳能光伏产业的理论及发展路径[J]. 中国软科学，2010(4)：19-28，134.

[41] 顾春卫，许嵩，王建卿，等. 基于国家能源安全保障的煤制油发展研究[J]. 军民两用技术与产品，2021(2)：42-47.

[42] 郭庆来，辛蜀骏，孙宏斌，等. 电力系统信息物理融合建模与综合安全评估：驱动力与研究构想[J]. 中国电机工程学报，2016，36(6)：1481-1489.

[43] 韩红梅，朱彬彬，龚华俊，等. 现代煤化工行业"十三五"回顾和"十四五"发展展望(一)[J]. 化学工业，2020，38(4)：27-30.

[44] 韩文龙，王延斌，倪小明，等. 正断层发育特征对煤层气直井开发的影响：以沁水盆地南部柿庄南区块为例[J]. 煤炭学报，2020，45(10)：3522-3532.

[45] 何满潮，谢和平，彭苏萍，等. 深部开采岩体力学研究[J]. 岩石力学与工程学报，2005，24(16)：2803-2813.

[46] 何玉婷. 我国焦化产业现状及发展建议[J]. 煤炭加工与综合利用，2014(4)：18-21.

[47] 贺永德. 现代煤化工技术手册[M]. 2 版. 北京：化学工业出版社，2011.

[48] 洪大剑，王振阳.《中国水泥生产企业温室气体排放核算方法与报告指南(试行)》解析[J]. 质量与认证，2017(6)：50-53.

[49] 侯正猛，冯文韬，孙伟，等. 基于智能多板块耦合技术的绿色能源系统：CN112330484A[P]. 2021-02-05.

[50] 胡国艺，关辉，蒋登文，等. 山西沁水煤层气田煤层气成藏条件分析[J]. 中国地质，2004，31(2)：213-217.

[51] 胡迁林，赵明."十四五"时期现代煤化工发展思考[J]. 中国煤炭，2021，47(3)：2-8.

[52] 胡笑梅，吴利琰. 长江经济带战略性新兴产业生态创新效率研究[J]. 渭南师范学院学报，2021，36(1)：60-67.

[53] 胡益之. 山西省焦化产业改革开放 30 年的发展[C]//2009 中国煤化工技术，信息交流会暨产业发展研讨会，2009.

[54] 黄格省,李振宇,王建明.我国现代煤化工产业发展现状及对石油化工产业的影响[J].化工进展,2015,34(2):295-302.

[55] 黄瑞荣,盛宣才,任开磊,等.生物能源发展现状与战略思考[J].林业机械与木工设备,2021,49(6):15-20.

[56] 霍国庆,聂云阳,李维维.后发地区政策创新引领战略性新兴产业发展研究:以大同市新能源产业为例[J].科技管理研究,2020,40(17):244-249.

[57] 霍喜福.关于山西煤层气发电价格的调查[J].中国能源,2008,30(2):39-41.

[58] 霍轩,石璐,刘超,等.煤层气开采技术应用现状及改进策略[J].设备管理与维修,2021(6):67-69.

[59] 纪祥娟,郭景春.建立产业计量思维 助推煤化工产业高质量发展[J].中国计量,2021(6):50-51.

[60] 姜大霖.应对气候变化背景下中美煤炭清洁高效利用技术路径对比与合作前景[J].中国煤炭,2020,46(11):128-133.

[61] 姜德义,魏立科,王翀,等.智慧矿山边缘云协同计算技术架构与基础保障关键技术探讨[J].煤炭学报,2020,45(1):484-492.

[62] 姜楠,朱敬一.绿色电力营销可再生能源发展的市场动力[J].民营科技,2018(11):169.

[63] 剧锦文.战略性新兴产业的发展"变量":政府与市场分工[J].改革,2011(3):31-37.

[64] 孔临.山西省焦化产业生态化水平评价研究[D].太原:山西大学,2016.

[65] 黎宏科,马金鹏.一种氢能增程器的甲醇重整制氢装置:CN211470773U[P].2020-09-11.

[66] 李昌珠,蒋丽娟,程树棋.生物柴油:绿色能源[M].北京:化学工业出版社,2005.

[67] 李健,闫龙,陈鲁园,等.榆林市煤化工产业高端化推进经济转型升级发展研究[J].科技资讯,2020,18(16):70-71.

[68] 李晋峰.5G通信技术推进煤矿智能化改造[J].长江信息通信,2021,34(8):190-193.

[69] 李晋梅,尹靖宇,武庆涛,等.平板玻璃企业碳排放计算依据对比及实例分析[J].玻璃,2017,44(9):3-6.

[70] 李丽.新时代背景下山西资源型经济高质量转型发展的新内涵[J].前进,2018(11):17-20.

[71] 李凌燕,赵绍伟,周昭露,等.甲醇汽车尾气排放中未燃甲醇含量的测定[J].汽车实用技术,2021,46(5):151-154.

[72] 李留宇.国家电投氢能公司:以突破创新为中国氢能发展赢得自主权[J].国际融资,2020(7):16-18.

[73] 李敏达.新能源汽车甲醇燃料分析与研究[J].中国设备工程,2020(20):252-253.

[74] 李守强,刘宗歧,王静,等.计及热网损耗的乡镇生物质能综合能源系统两阶段优化运行[J].电力自动化设备,2021,41(4):24-32.

[75] 李爽,薛广哲,方新秋,等.煤矿智能化安全保障体系及关键技术[J].煤炭学报,2020,45(6):2320-2330.

[76] 李婷,周勤.构建面向碳中和的新型电力系统:厘清挑战,加速转型[J].风能,2021(7):12-13.

[77] 李侠,葛银堂,王满荣,等.山西煤层气赋存规律的影响因素分析[J].西安工程学院学报,1997,19(增刊):15-18.

[78] 李小冬.山西煤层气技术的开发利用研究[D].太原:山西大学,2007.

[79] 李钟实.太阳能光伏发电系统设计施工与维护[M].北京:人民邮电出版社,2010.

[80] 梁丽彤,胡益之.利用"清洁发展机制"促进山西煤层气开发[J].煤化工,2008,36(1):7-9,12.

[81] 刘大鹏.强化规划引领 全面推进新型电力系统建设[J].华北电业,2021(1):14.

[82] 刘殿栋,王钰.现代煤化工产业碳减排、碳中和方案探讨[J].煤炭加工与综合利用,2021(5):67-72.

[83] 刘峰,曹文君,张建明,等.我国煤炭工业科技创新进展及"十四五"发展方向[J].煤炭学报,2021,46(1):1-15.

[84] 刘宏,吴达成,杨志刚.家用太阳能光伏电源系统[M].北京:化学工业出版社,2007.

[85] 刘焕杰.山西南部煤层气地质[M].徐州:中国矿业大学出版社,1998.

[86] 刘辉,王连竹,王海祥.一种抗泡沫甲醇汽车发动机润滑油:CN110862855B[P].2022-02-01.

[87] 刘寄声.太阳电池加工技术问答[M].北京:化学工业出版社,2010.

[88] 刘佳伦,郝芸,翁羽.变负荷条件下太阳能吸热器内非稳态流量分配计算模型[J].中国电机工程学报,2020,40(8):2606-2617.

[89] 刘江华.氢能源:未来的绿色能源[J].现代化工,2006,26(增刊2):10-13,15.

[90] 刘帅.山西资源型产业体系转型升级中的政府作用研究[D].太原:山西大学,2021.

[91] 刘卫,祁瑜,叶振维,等.山西省煤焦化行业发展现状与典型案例分析[J].环境与发展,2015,27(6):5-6.

[92] 刘晔.山西煤层气产业发展方向与对策研究[J].煤炭加工与综合利用,2008(4):39-41.

[93] 刘晔.山西焦化产业科学发展的途径及对策[J].山西煤炭,2010,30(9):30-32.
[94] 刘治斌.关于提高山西焦炭产业持续竞争能力的思考[J].煤炭经济研究,2004,24(6):21.
[95] 刘竹,耿涌,薛冰,等.城市能源消费碳排放核算方法[J].资源科学,2011,33(7):1325-1330.
[96] 龙泽强.风力发电:21世纪的绿色能源[J].世界科技研究与发展,2001,23(4):32-34.
[97] 卢延国.准确把握我国电力发展新的时代方位[J].中国电业,2021(9):16-17.
[98] 骆惠宁.不当"煤老大"争当能源革命排头兵[J].智慧中国,2019(11):16-21.
[99] 吕凯,苏东涛.山西省主要农作物秸秆资源总量变化趋势及分布特征[J].农村经济与科技,2019,30(17):1-3.
[100] 毛宗强.氢能:21世纪的绿色能源[M].北京:化学工业出版社,2005.
[101] 梅昆.余热气化甲醇燃料对内燃机性能的影响分析[J].内燃机与配件,2020(2):44-45.
[102] 牛仁亮.履行政府职能 促进结构调整:兼论产业结构调整是节能减排的根本途径[J].求是,2007(17):30-32.
[103] 潘得国.坚持可持续发展,走新型焦化工业之路[J].山西化工,2006,26(3):67-68.
[104]潘连生.积极采取措施 努力促进以我为主发展现代煤化工[J].煤化工,2007(1):1-6,15.
[105] 彭华.中国新能源汽车产业发展及空间布局研究[D].长春:吉林大学,2019.
[106] 乔风林,卢瑞军,苏茂辉.用于甲醇发动机的曲轴箱通风系统及车辆:CN211314317U[P].2020-08-21.
[107] 山西省人民政府.关于印发山西省国民经济和社会发展第十四个五年规划和2035年远景目标纲要的通知[EB/OL].(2021-04-13)[2021-12-20].http://www.shanxi.gov.cn/sxszfxxgk/sxsrmzfzcbm/sxszfbgt/flfg_7203/szfgfxwj_7205/202104/t20210414_899516.shtml.
[108] 山西省政府新闻办公室.省政府新闻办举行山西省"十四五"规划各专项规划系列解读新闻发布会新装备规划专题[EB/OL].(2021-06-17)[2021-12-20].http://www.shanxi.gov.cn/yw/xwfbh/szfxwfbh/202106/t20210617_923956.shtml.
[109] 邵学峰,王迪."一带一路"倡议下中日绿色能源第三方合作研究[J].经济体制改革,2020(2):172-177.
[110] 邵学峰,方天舒.不完全契约视角下绿色能源的政策驱动效应:以光伏产业为例[J].财经问题研究,2021(5):40-48.

[111] 沈辉,曾祖勤.太阳能光伏发电技术[M].北京:化学工业出版社,2009.

[112] 石磊,王白侠,陶志军.山西省甲醇汽车推广应用与产业发展政策研究[J].汽车与配件,2019(13):78-79.

[113] 石智军,李泉新,姚克.煤矿井下智能化定向钻探发展路径与关键技术分析[J].煤炭学报,2020,45(6):2217-2224.

[114] 史建陶.政府推动焦化产业高质量发展的作用研究:以山西省为例[D].太原:山西大学,2021.

[115] 宋锐,郑玉坤,刘义祥,等.煤矿井下仿生机器人技术应用与前景分析[J].煤炭学报,2020,45(6):2155-2169.

[116] 宋宇宇.宁波发展甲醇汽车产业的优势条件和对策建议[J].宁波经济(三江论坛),2020(1):9-12,21.

[117] 苏建仁.基于 GT-Power 的长城 GW491QE 甲醇发动机仿真分析和应用[D].天津:天津职业技术师范大学,2020.

[118] 孙德强,高文凯,郑军卫,等.制约中国煤层气发展瓶颈问题及政策建议[J].中国能源,2021,43(1):33-38.

[119] 孙宏斌,郭庆来,潘昭光.能源互联网:理念、架构与前沿展望[J].电力系统自动化,2015,39(19):1-8.

[120] 孙宏斌,郭庆来,卫志农.能源战略与能源互联网[J].全球能源互联网,2020,3(6):537-538.

[121] 孙宏斌,潘昭光,孙勇,等.跨界思维在能源互联网中应用的思考与认识[J].电力系统自动化,2021,45(16):63-72.

[122] 孙旭东,张博,彭苏萍.我国洁净煤技术 2035 发展趋势与战略对策研究[J].中国工程科学,2020,22(3):132-140.

[123] 唐宏青.发展中的现代煤化工多联产[J].煤化工,2006,34(4):1-6.

[124] 田国亮.山西焦化产业的新思考[J].山西焦煤科技,2005,29(3):21-25.

[125] 田华.山西省煤层气产业发展现状分析[J].中国能源,2007,29(4):30-33.

[126] 田世鑫,魏守武,艾鹏飞.山西焦煤十年光辉历程系列报道之四:走进山西焦化崛起之路[J].山西煤炭,2012,32(1):14-19.

[127] 童光毅.基于双碳目标的智慧能源体系构建[J].智慧电力,2021,49(5):1-6.

[128] 汪建平.推动煤电产业转型升级 促进电力清洁低碳高质量发展[J].电力设备管理,2019(11):18-19.

[129] 王勃."双碳"目标背景下推动我国能源产业转型和技术创新[J].中国经贸导刊,2021(17):40-42.

[130] 王杜娟,贺飞,王勇,等.煤矿岩巷全断面掘进机(TBM)及智能化关键技术[J].煤炭学报,2020,45(6):2031-2044.

[131] 王飞,余世杰,苏建徽,等.太阳能光伏并网发电系统的研究[J].电工技术学报,2005,20(5):72-74,91.
[132] 王国法,杜毅博.智慧煤矿与智能化开采技术的发展方向[J].煤炭科学技术,2019,47(1):1-10.
[133] 王国法,刘峰,孟祥军,等.煤矿智能化(初级阶段)研究与实践[J].煤炭科学技术,2019,47(8):1-36.
[134] 王国法,刘峰,庞义辉,等.煤矿智能化:煤炭工业高质量发展的核心技术支撑[J].煤炭学报,2019,44(2):349-357.
[135] 王国法,杜毅博.煤矿智能化标准体系框架与建设思路[J].煤炭科学技术,2020,48(1):1-9.
[136] 王国法,任怀伟,庞义辉,等.煤矿智能化(初级阶段)技术体系研究与工程进展[J].煤炭科学技术,2020,48(7):1-27.
[137] 王国法,赵国瑞,胡亚辉.5G技术在煤矿智能化中的应用展望[J].煤炭学报,2020,45(1):16-23.
[138] 王国法,徐亚军,孟祥军,等.智能化采煤工作面分类、分级评价指标体系[J].煤炭学报,2020,45(9):3033-3044.
[139] 王海蕴.绿色电力照亮未来 加快绿色能源发展,推动我国清洁低碳转型[J].财经界,2021(31):11-12.
[140] 王宏英,曹海霞.山西构建煤炭开发生态环境补偿机制的实践与完善建议[J].中国煤炭,2011,37(10):8-11.
[141] 王宏英.促进山西煤炭经济向综合能源经济转型的体制机制研究[M].太原:山西经济出版社,2016.
[142] 王辉,张亚东.一种无汽油甲醇汽车:CN212106085U[P].2020-12-08.
[143] 王慧,成功.一种甲醇燃料发电系统的尾气净化装置:CN111425283A[P].2020-07-17.
[144] 王建立,温亮.现代煤化工产业竞争力分析及高质量发展路径研究[J].中国煤炭,2021,47(3):9-14.
[145] 王进,曾轩,袁稼轫,等.一种新型绿色能源发电系统:CN212563526U[P].2021-02-19.
[146] 王炯.秸秆捆烧特性研究及除尘系统设计[D].郑州:河南农业大学,2018.
[147] 王凯,宋光辉,张祥宇,等.一种甲醇发动机的冷起动控制方法、控制系统及车辆:CN111852666A[P].2022-03-01.
[148] 王立国,王晓姝.理性发展现代煤化工行业的思考:基于防范产能过剩风险的视角[J].宏观经济研究,2012(1):3-12.
[149] 王琳皓,何锋,李惠林,等.影响汽车甲醇发动机燃烧特性的敏感因素分析[J].

农业装备与车辆工程,2021,59(9):6-10.

[150] 王明华.新发展格局下现代煤化工产业面临的挑战与对策研究[J].中国煤炭,2021,47(1):99-102.

[151] 王强,徐向阳."双碳"背景下现代煤化工发展路径研究[J].现代化工,2021,41(11):1-3,8.

[152] 王庆合,刘志强.新型环保农用缸内直喷点燃式甲醇发动机仿真技术[J].农机化研究,2020(3):259-262,268.

[153] 王守祯.山西焦化工业发展对策研究[J].能源基地建设,2000(3):12-13.

[154] 王涛.山西柳林煤层气"L"型水平井钻井液堵漏技术[J].中国煤炭地质,2020,32(9):163-166.

[155] 王伟光.马必东区块煤层气产能影响因素及传质过程[D].北京:中国地质大学(北京),2020.

[156] 王文亮.山西煤层气产业经济效益分析[J].现代工业经济和信息化,2012,2(16):8-10.

[157] 王晓磊,陈贵锋,李文博,等.双碳背景下煤炭清洁高效利用方向构建[J].煤质技术,2021,36(6):1-5.

[158] 王学军,张庆辉,傅雪海.山西省煤层气储层物性特征及资源评价[M].北京:煤炭工业出版社,2015.

[159] 王一鸣.中国碳达峰碳中和目标下的绿色低碳转型:战略与路径[J].全球化,2021(6):5-18.

[160] 王英辉.基于甲醇燃料的新能源汽车的研究[J].科技创新与应用,2020(6):61-62.

[161] 王云亮.电力电子技术[M].2 版.北京:电子工业出版社,2009.

[162] 王长贵,王斯成.太阳能光伏发电实用技术[M].2 版.北京:化学工业出版社,2009.

[163] 王争,李国富,周显俊,等.山西省废弃矿井煤层气地面钻井开发关键问题与对策[J].煤田地质与勘探,2021,49(4):86-95.

[164] 王志芳.焦化产业循环经济发展模式探讨:以孝义焦化产业为例[D].北京:北京化工大学,2007.

[165] 王宗超.智慧煤矿建设与智能化开采关键核心技术分析[J].中国新技术新产品,2019(16):133-134.

[166] 卫璇,潘昭光,王彬,等.云管边端架构下虚拟电厂资源集群与协同调控研究综述及展望[J].全球能源互联网,2020,3(6):539-551.

[167] 吴海滨,李爱宾.山西焦化产业的战略调整与新定位[C]//2010 年促进资源型城市转型发展论坛,2010.

[168] 吴捷,杨俊华.绿色能源与生态环境控制[J].控制理论与应用,2004,21(6):864-869.

[169] 夏元清,高润泽,林敏,等.绿色能源互补智能电厂云控制系统研究[J].自动化学报,2020,46(9):1844-1868.

[170] 肖先勇,郑子萱."双碳"目标下新能源为主体的新型电力系统:贡献、关键技术与挑战[J].工程科学与技术,2022,54(1):47-59.

[171] 肖洋,刘海峰,李娜.生物质能的开发与利用[J].湖北农机化,2020(9):44-45.

[172] 谢浩.住宅产业中绿色能源的开发与高效利用[J].上海城市管理职业技术学院学报,2010(1):58-60.

[173] 谢嘉成,王学文,李祥,等.虚拟现实技术在煤矿领域的研究现状及展望[J].煤炭科学技术,2019,47(3):53-59.

[174] 谢忠设.重拳淘汰落后,金融扶持为转型升级注入强心剂 山东为化工高耗能产业动手术[J].中国石油和化工,2018(11):12-17.

[175] 辛保安.做能源清洁低碳转型的引领者推动者先行者[J].国家电网,2021(10):10-11.

[176] 徐立娟.电力电子技术[M].北京:人民邮电出版社,2010.

[177] 徐涛,黎宏科.一种采用甲醇燃料的氢能增程器系统:CN111287845A[P].2020-06-16.

[178] 徐友,李延鹏,洪安新,等.一种甲醇喷油器驱动系统、发动机系统及车辆:CN212690191U[P].2021-03-12.

[179] 徐志伟."一带一路"倡议下电力装备产业转型发展研究[J].智库时代,2018(40):258,275.

[180] 许林玉.一种环保节能的清洁成型燃料及其制作方法:CN111171882A[P].2020-05-19.

[181] 闫函,李文斌.《焦化行业准入条件》实施对山西焦化产业的影响[J].山西化工,2010,30(6):49-52.

[182] 闫林.能源大省山西的"新"支柱产业[J].中国经济和信息化,2011(8):72-73.

[183] 杨记.一种甲醇汽车进气加热及甲醇汽车油泵保护方法:CN111058976A[P].2020-04-24.

[184] 杨金焕,于化丛,葛亮.太阳能光伏发电应用技术[M].北京:电子工业出版社,2009.

[185] 杨俊锋.吉利商用车甲醇动力获"最具市场潜力奖"[J].商用汽车新闻,2017(13):4.

[186] 尹春涛.绿色电力营销 可再生能源发展的市场动力[J].中国能源,2004,26(1):8-15.

[187] 尹冠雄，陈彬彬，孙宏斌，等. 综合能源系统分析的统一能路理论（四）：天然气网动态状态估计[J]. 中国电机工程学报，2020，40(18)：5827-5836.

[188] 于晓荣. 我国现代煤化工产业发展现状及对石油化工产业的影响[J]. 化工管理，2017(14)：90-91.

[189] 于志永，张凯. 能源革命推动老矿区转型发展研究[J]. 煤炭经济研究，2019，39(11)：60-64.

[190] 袁宝良，洪建海. 甲醇燃料在点燃式发动机上的应用研究[J]. 现代车用动力，2016(1)：1-6.

[191] 袁亮. 我国煤炭工业高质量发展面临的挑战与对策[J]. 中国煤炭，2020，46(1)：6-12.

[192] 袁新. 服务产业结构转型背景下新能源汽车产业集群的创新型应用人才培养研究[J]. 智库时代，2019(45)：12.

[193] 岳国君，林海龙，彭元亭，等. 以生物质为原料的未来绿色氢能[J]. 化工进展，2021，40(8)：4678-4684.

[194] 张宏，陈钊，黄蓉，等. 风电-光伏-光热联合发电系统的模糊多目标优化模型[J]. 电源学报，2021，19(2)：112-120.

[195] 张化光，孙宏斌，刘德荣，等. 分布式信息能源系统理论与应用专题序言[J]. 自动化学报，2020，46(9)：1767-1769.

[196] 张莲莲. 乘“西气东输”工程加速山西煤层气开发利用[J]. 中国能源，2002，24(8)：22-25.

[197] 张莲莲. 山西煤层气开发利用优惠政策研究[J]. 山西能源与节能，2004(2)：11-12.

[198] 张明. 现代煤化工产业的现状及展望[J]. 化工机械，2012，39(3)：257-265.

[199] 张巍，张帆，张军，等. 与新能源耦合发展 推动现代煤化工绿色低碳转型的思考与建议[J]. 中国煤炭，2021，47(11)：56-60.

[200] 张希良. 实现碳中和 2060 年非化石能源超 80%[J]. 中国战略新兴产业，2021(2)：17-20.

[201] 张岩. 后疫情时代生物科技和新能源行业价值大幅增长 创新仍为不二法宝[J]. 中国对外贸易，2021(9)：75-77.

[202] 张垚. 绿色低碳已成焦化转型发展核心命题[N]. 中国冶金报，2021-08-06(1).

[203] 张瑶，赵军龙. 基于地球物理测井的煤体结构识别及对煤层气开采的影响[J]. 矿产勘查，2020，11(10)：2194-2200.

[204] 张永成，李兵，王争，等. 一种采空区废弃煤层气井再利用方法：CN111155952B[P]. 2021-08-10.

[205] 赵炳三. 内燃机专用甲醇燃料组合物：Mesolean 及其制造方法：CN111315851A

[P]. 2020-06-19.
[206] 赵海生. 浅谈智能化图像图形系统在煤矿中枢调度中的作用[J]. 技术与市场，2019，26(9)：76-77.
[207] 赵昊天，王彬，潘昭光，等. 支撑云-群-端协同调度的多能园区虚拟电厂：研发与应用[J]. 电力系统自动化，2021，45(5)：111-121.
[208] 赵建斌. 山西焦化行业现状、问题及对策[J]. 煤化工，2005，33(4)：7-10.
[209] 赵为. 太阳能光伏并网发电系统的研究[D]. 合肥：合肥工业大学，2003.
[210] 赵小英. 山西焦化产业面临的机遇与挑战[J]. 科技情报开发与经济，2006(16)：122-124.
[211] 郑海山. 转型为纲 创新为上 高质量推进智能化煤矿建设[J]. 中国煤炭工业，2020(5)：12-14.
[212] 周健伟，王攀，吴涛. 粤港澳大湾区勾画绿色能源网络[J]. 瞭望，2021(1)：56-58.
[213] 周文辉. 国内外甲醇汽车发展和使用情况及对策建议[J]. 汽车与安全，2020(10)：65-68.
[214] 朱金良. 发动机燃用汽油与甲醇的性能对比研究[D]. 武汉：华中科技大学，2017.
[215] 朱庆忠，杨延辉，左银卿，等. 对于高煤阶煤层气资源科学开发的思考[J]. 天然气工业，2020，40(1)：55-60.
[216] 朱晔，徐石明，周德群，等. 新型电力系统中储能政策分析和未来发展思考[J]. 中国能源，2021，43(11)：48-55，72.
[217] SANG T. Toward the domestication of lignocellulosic energy crops：learning from food crop domestication[J]. Journal of integrative plant biology，2011，53(2)：96-104.
[218] SANG T，ZHU W X. China’s bioenergy potential[J]. GCB bioenergy，2011，3(2)：79-90.